Schön aufbewahrt
& selbst genäht

ISBN: 978-3-8094-3501-3

2. Auflage 2021
© 2016 by Bassermann Verlag, einem Unterneh-
men der Penguin Random House Verlagsgruppe
GmbH, Neumarkter Straße 28, 81673 München

Copyright © 2015 by Search Press Ltd.
Text Copyright © Debbie Shore 2015
Die englische Originalausgabe erschien unter
dem Titel *Sew useful*.

Projektkoordination dieser Ausgabe:
Claudia Maria Weiß
Umschlaggestaltung: Atelier Versen, Bad Aibling
Fotos: © Garie Hind 2015
Übersetzung: SAW Communications, Mainz,
Sonja Häußler
Redaktion, Satz und Producing:
SAW Communications, Dr. Sabine A. Werner,
Mainz, in Zusammenarbeit mit Katrin Pfeil, Mainz
Herstellung: Elke Cramer

Druck und Bindung: Mohn Media
Mohndruck GmbH, Gütersloh

Printed in Germany

MIX
Papier aus verantwor-
tungsvollen Quellen
FSC® C011124

Penguin Random House Verlagsgruppe
FSC®N001967

Schön aufbewahrt & selbst genäht

... auch aus Stoffresten

Debbie Shore

Inhalt

Mäppchen,
Seite 28

Kleiderhülle,
Seite 32

Tasche für Reisebügeleisen,
Seite 36

Stricknadelrolle,
Seite 56

Stiftebehälter,
Seite 58

Ringkörbchen,
Seite 60

Geschenkpapierbeutel,
Seite 84

Nähmaschinentasche,
Seite 88

Einleitung

Ich habe schon immer leidenschaftlich gerne genäht, doch beruflich stand ich vor der Fernsehkamera. In den letzten Jahren ist es mir gelungen, beides miteinander zu verbinden. Gerne inspiriere ich Neulinge und ermutige sie, den Versuch zu wagen, in die Welt des Nähens einzutauchen.

Dieses Buch bietet schlichte, aber zauberhafte Modelle rund um die Aufbewahrung, die sich in jedem Zuhause als nützlich erweisen. Ich habe die Projekte so einfach wie möglich gehalten, aber auch erfahrenere Näherinnen und Näher werden ihre Freude haben, denn die Stücke lassen sich in Größe und Ausstattung variieren: Arbeiten Sie nach Lust und Laune mit Applikationen und sämtlichen Stichen, die Ihre Nähmaschine hergibt.

Genießen Sie es, Ihr Zuhause zu einem ordentlicheren und zugleich schöneren Ort zu machen!

Debbie
x

Nützliche Materialien und Werkzeuge

Stoff: Ich verwende immer gewebte Baumwollstoffe, da sie – wie ich finde – die Form gut wahren und leicht zu verarbeiten sind. Für die meisten der vorgestellten Projekte werden Patchworkstoffe verwendet, aber bei Modellen wie der Unterbettkommode (S. 50) und dem Stiftebehälter (S. 58) ist es besser, Material vom Gewicht eines Vorhangstoffs zu verwenden.

Wattierung/Einlage: Ich verwende 3 mm dickes Bügel- oder Volumenvlies aus Baumwolle. Für die Bügeleisentasche (S. 36) und den Beutel für den Haarglätter (S. 22) sollte hitzebeständiges Material verwendet werden.

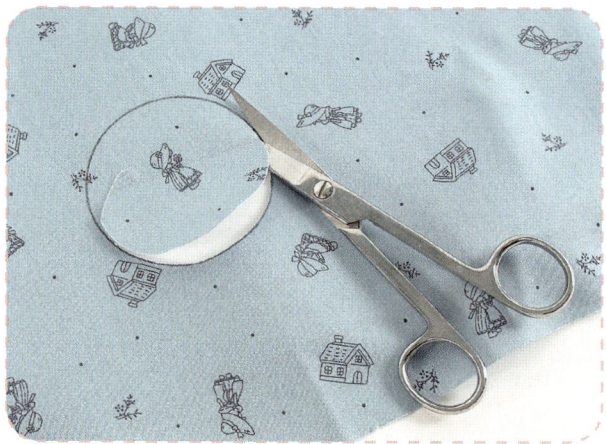

Faden: Ich habe ein ganzes Kästchen voller Fäden, die ich entweder passend zum Stoff oder als Kontrastfarbe wähle. Verwenden Sie Faden von guter Qualität, da dieser strapazierfähig und wenig faserig ist.

Kleine Schere: um Fäden abzuschneiden und in Kurven zu schneiden

Gebogene Schere: ist sehr hilfreich, wenn man Kurven oder Löcher in den Stoff schneiden muss

Schneiderschere: Die Schneiderschere hat lange Blätter und abgewinkelte Griffe, um lange Stoffstücke leicht schneiden zu können. Kaufen Sie sich die beste, die Sie sich leisten können, denn sie gehört zu den wichtigsten und am häufigsten benötigten Werkzeugen.

Zickzackschere: um Filzränder zu verschönern oder gewebte Stoffe vor dem Ausfransen zu bewahren

Papierschere: Eine Schere sollte Papier vorbehalten sein, denn die Schneiderschere wird stumpf, wenn mit ihr Papier geschnitten wird.

Nähmaschine: Für diese Projekte benötigen Sie keine Maschine der Spitzenklasse; wählen Sie eine mit Untertransport für Freihandstickerei. Außerdem sollte sie über eine Reihe von Nähfüßen verfügen: einen **Obertransportfuß**, der den Stoff zusammen mit den Transporteuren unter dem Stoff von oben durch die Maschine führt. Das ist vor allem sinnvoll, wenn man mehrere Stoffschichten oder verschiedene Stoffstärken zusammennäht, damit das Ganze nicht rutscht. Mit einem **Reißverschlussnähfuß** wird die Nadel dicht an den Zähnen des Reißverschlusses entlanggeführt. Der Reißverschlussnähfuß wird auch für Paspeln benutzt. Für Freihandstickerei senken Sie den Transporteur und befestigen den **Freihand-Stickfuß** am Nähfußschaft; auf diese Weise können Sie den Stoff in jede gewünschte Richtung drehen. Der Nähfuß „hüpft" beim Nähen über den Stoff. Für den Wäschesack auf S. 76 benötigen Sie eine Jeansnadel.

Rollschneider, Unterlage und Lineal: Um einen genauen und schnellen Schnitt sowie rechtwinklige Ecken zu erhalten, ist die Kombination aus Lineal, Rollschneider und Unterlage einfach unschlagbar. Ich empfehle einen 4,5-cm-Rollschneider, ein Lineal für den Nähbedarf (15 × 60 cm) und eine möglichst große Unterlage.

Maßband: Ich empfehle ein Maßband aus Plastik, denn das Material dehnt sich nicht.

Fingerhut: Ein Muss, wenn man von Hand näht; ich bevorzuge einen Fingerhut aus Leder, weil an ihm die Nadel nicht abrutscht.

Handnähnadeln: Die braucht man immer. Ich benutze spitze Nadeln, die einen kleinen runden Kopf haben und leicht durch den Stoff gleiten.

Selbstlöschende Textilstifte: Die Farbe dieser Textilstifte verschwindet nach einigen Stunden von selbst. Es gibt aber auch Stifte, deren Farbe ausgewaschen werden muss.

Sprühkleber für Stoff: Der Kleber hält Stoffschichten zusammen und ist nützlich für Applikationen. Achten Sie darauf, dass er speziell für Stoff ist, damit ihre Nähmaschine nicht beschädigt wird.

Paspelschnur: Die Schnur, die ich für den Wäschesack (S. 76) verwendet habe, ist einfach eine 5 mm starke Paspelschnur. Für den Spielzeugbeutel (S. 20) habe ich sie rot gefärbt.

Streifenwender: Mit diesem schlichten Werkzeug lassen sich Stoffschläuche leicht wenden. Man fädelt ihn durch den Schlauch und hakt ihn am Ende ein. Dann zieht man ihn einfach durch, um den Schlauch zu wenden.

Grundlegende Techniken

Nähte

Sofern nicht anders angegeben, beträgt die Nahtzugabe in diesem Buch 6 mm. Das ist für Handarbeitsprojekte meiner Meinung nach reichlich und macht die Nähte beim Wenden ordentlicher. Für Projekte wie die Nähmaschinentasche (S. 88) habe ich 1,2 cm Nahtzugabe verwendet, um sicherzustellen, dass alle Fäden des Stoffs erfasst wurden und die Naht fest ist. Die meisten Projekte müssen gebügelt werden, die Nähte werden in der Regel auseinandergebügelt. Bügeln festigt die Stiche und sorgt für eine glatte Stichlinie. Achtung, nicht zu sehr drücken, sonst kann sich die Naht verzerren! Wenn Sie einen Stoff verwenden, der leicht ausfranst, kann man vor dem Zusammennähen der einzelnen Teile die Kanten mit einem Zickzackstich versäubern, um dies zu verhindern.

Mit Schrägband versäubern

Schrägband verleiht Ihren Projekten ordentliche, professionelle Kanten und kann das Säumen ersetzen. Schrägband ist diagonal geschnitten, sodass es an Ecken und Kurven ein wenig nachgibt. Man kann es selbst zuschneiden, wenn man eine spezielle Farbe benötigt, aber das ist eine ziemliche Fummelarbeit, wenn man nicht die richtigen Werkzeuge hat.

Das Schrägband öffnen und am Rand des Stoffs feststecken; dabei das Ende des Bandes um etwa 6 mm umfalten, damit die Verbindung ordentlich wird. Mit einem mittellangen geraden Stich an der Falte entlangnähen. Das Schrägband über die Stoffkante falten und feststecken. Am Ende darauf achten, dass das Band in das umgefaltete Ende gesteckt ist. Wenn Sie wollen, können Sie die Unterseite von Hand festnähen, damit man die Stiche nicht sieht; wenn Ihnen das nichts ausmacht, können Sie auch alle Schichten von oben zusammennähen.

Taschenhenkel aus Stoff

Dies ist eine einfache Methode, Henkel und Bänder herzustellen, ganz ohne das Nähen von Schläuchen und ohne Wenden, was bei langen Henkeln knifflig sein kann. Den Stoff in der Länge des benötigten Henkels zuschneiden, plus 5 cm für den Saum. Für einen 2,5 cm breiten Henkel den Stoff 10 cm breit zuschneiden. Die Enden des Stoffs um 1,2 cm einschlagen und bügeln (wenn die Henkel in die Naht der Tasche eingenäht werden sollen, diesen Teil auslassen). Den ganzen Streifen der Länge nach falten und bügeln. Die unversäuberten Kanten in die Mitte zum Falz falten und erneut bügeln. Zum Schluss um den ganzen Henkel herumsteppen.

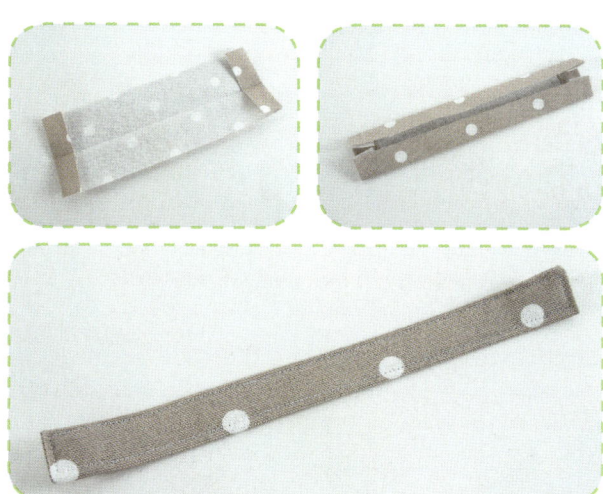

Taschenfüße

Wenn Ihre Tasche oder Ihr Beutel auf dem Boden stehen soll, halten diese Füße sie sauber und sorgen gleichzeitig dafür, dass Ihr Projekt professionell wirkt. Die Füße bestehen aus einer Art großer Nieten. Mit einem scharfen Werkzeug ein Loch an der Stelle machen, an der die Füße platziert werden sollen, dann den Fuß von unten her durchdrücken. Die Rundkopfklammer ein wenig öffnen und in die Klemme fädeln, um sie von oben zu befestigen, dann die Rundkopfklammer komplett spreizen.

Schieber an einem Endlosreißverschluss anbringen

Kaufen Sie immer einen Reißverschluss, der länger ist als nötig, da Sie an jedem Ende etwa 2,5 cm verlieren werden. Es ist egal, an welchem Ende Sie den Schieber einfügen. Sie können auch zwei einfügen: an jedem Ende einen.

Das Ende des Reißverschlusses um etwa 2,5 cm öffnen. Das Band an einer Seite von den Zähnen abschneiden. Die gegenüberliegende Seite auf dieselbe Länge schneiden. Den Schieber über die freigelegten Zähne stülpen und beim Ziehen die gegenüberliegende Seite aufgreifen. Die Zähne festhalten und ziehen. Wenn zwei Schieber am Reißverschluss benötigt werden, am anderen Ende des Bandes genauso vorgehen. Wenn der Reißverschluss ungleichmäßig ist, können Sie mit ein wenig Kraftaufwand an beiden Seiten ziehen, um die Zähne auf Linie zu bringen.

Ösen

Auf der Rückseite des Stoffs markieren, wo die Öse platziert werden soll. Den Ring mit der strukturierten Kante nach oben unter die Markierung legen. Das Werkzeug auf die Mitte des Ringes legen und mit dem Hammer daraufschlagen. So erhalten Sie ein Loch im Stoff. Den Ring umdrehen und wieder unter den Stoff legen, den größe-

ren Teil der Öse nach oben. Das Loch mit der Vorderseite nach unten auflegen und darauf den kleineren Teil der Öse platzieren. Das Werkzeug aufsetzen und wieder mit dem Hammer daraufschlagen. Gehen Sie beim Messen sorgfältig vor, denn die Öse lässt sich nicht mehr entfernen!

Runde Blütenblätter

Stoffblumen

Stoffblumen sind wunderbare Verzierungen für Ihre Aufbewahrungsobjekte, Haarbänder oder Kleider. Für eine Blume mit runden Blütenblättern zunächst fünf Kreise mit einem Durchmesser von 7,5 cm ausschneiden. Alle in der Mitte falten und bügeln. Im Steppstich um die gebogene Seite des ersten Halbkreises nähen, dann am Faden ziehen, um den Stoff zu raffen. Den Faden nicht abschneiden, sondern gleich mit dem nächsten Blütenblatt weitermachen. Wenn alle fünf gerafft sind, fest am Faden ziehen, damit sie einen Kreis bilden. Die unversäuberten Kanten mit einem oder zwei Knöpfen verbergen.

Spitze Blütenblätter

Für spitze Blütenblätter aus Stoff fünf Kreise mit einem Durchmesser von 7,5 cm ausschneiden; diese erst zur Hälfte, danach auf ein Viertel falten und bügeln. Im Steppstich um die gebogenen Kanten herumsteppen und am Faden ziehen, um den Stoff zu raffen. Den Faden nicht abschneiden, sondern gleich mit dem nächsten Blütenblatt weitermachen, bis alle fünf gerafft sind; zu einem Kreis zusammenziehen und in der Mitte befestigen. Knöpfe in die Mitte der Blume nähen, um die unversäuberten Kanten zu verstecken.

Bügeln

Ich liebe mein Dampfbügeleisen, denn ich kann es stundenlang anlassen, aber um Nähte aufzubügeln verwende ich keinen Dampf, da sich dadurch der Stoff verziehen würde.

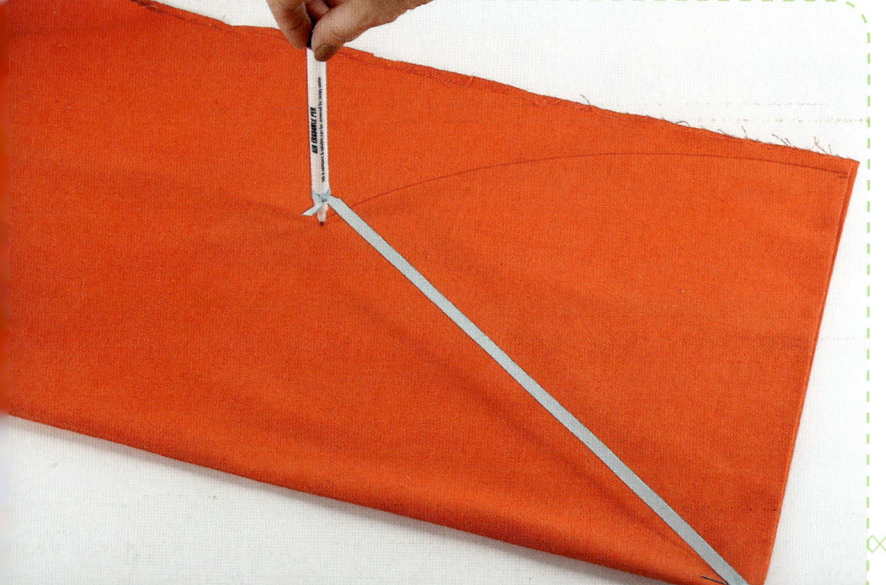

Einen Kreis zeichnen

Wenn der Kreis, den Sie zeichnen müssen, größer ist als der größte Teller, den Sie besitzen, ist es an der Zeit, Ihre eigenen Zirkel herzustellen! Nehmen Sie Ihren selbstlöschenden Textilstift und befestigen Sie so nah an der Spitze wie möglich eine Schnur oder ein Band. Den Stoff auf ein Viertel falten. Vom Zentrum des Falzes den Radius des Kreises abmessen. Den Stift mit diesem Abstand ansetzen und das Band an der Falzecke festhalten. Den Stift senkrecht halten und von einer Seite zur anderen einen Bogen zeichnen und ausschneiden. Wenn Sie den Stoff aufklappen, sollten Sie einen perfekten Kreis erhalten.

Nützliche Stiche

Maschinenstiche

Geradstich
Der Geradstich wird verwendet, um Stoff zusammenzunähen, zu säumen und zu steppen.

Zickzackstich
Der Zickzackstich kommt am Saum zum Einsatz, damit der Stoff nicht ausfranst.

Verriegelung
Am Anfang und Ende jeder Naht mit der Nähmaschine sollte man ein paar Stiche rückwärts nähen, damit die Naht nicht aufgeht. Manche Nähmaschinen haben einen Vernähstich, wodurch ein paar Stiche an derselben Stelle durchgeführt werden, um die Stiche zu sichern, bevor man losnäht.

Handstiche

Blindstich
Ich verwende diesen Stich für das Versäubern mit Schrägband. Das beste Ergebnis erhält man mit kleinen, gleichmäßigen Stichen.

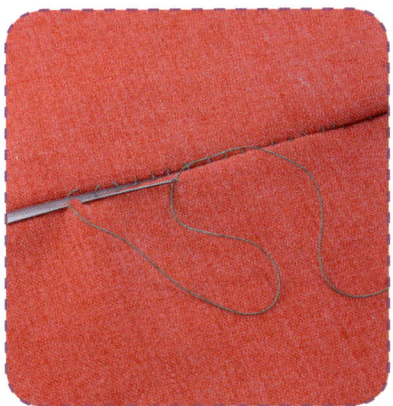

Leiterstich
Der Leiterstich wird verwendet, um eine Öffnung zu schließen, zum Beispiel am Ringkörbchen auf S. 60.

Saumstich
Dieser Stich dient nicht nur der Verzierung; wenn die Stiche sehr dicht nebeneinander ausgeführt werden, hindern sie den Stoff am Ausfransen. Dieser Stich wurde für den Schmuckbeutel auf S. 40 verwendet.

Stuhl-Utensilo

Viele von uns haben nur begrenzt Platz für ihre Handarbeitssachen, deshalb macht dieses hilfreiche Utensilo das Beste aus ungenutztem Raum und kann auch so angefertigt werden, dass es über die Lehne eines Autositzes passt. Je ein halber Meter von zwei zusammenpassenden Stoffen sollte dafür reichen.

Sie brauchen:

- Stoff 1 für die Rückseite, 35,5 × 35,5 cm (2-mal zuschneiden)
- Bügelvlies, 35,5 × 35,5 cm
- Stoff 2, 30,5 × 35,5 cm (2-mal zuschneiden)
- Bügelvlies, 30,5 × 35,5 cm
- Stoff 1, 26,5 × 46 cm (2-mal zuschneiden)
- Bügelvlies, 26,5 × 46 cm
- Stoff 2, 20,5 × 35,5 cm (2-mal zuschneiden)
- Bügelvlies, 20,5 × 35,5 cm
- Stoff 1, 35,5 × 15 cm (2-mal zuschneiden)
- Bügelvlies, 35,5 × 15 cm
- Schrägband, 3,05 m lang und 2,5 cm breit
- Sprühkleber für Stoff
- Band für die Riemen, 61 cm
- Klettband, 7,5 cm
- 1 Knopf

1 Das Bügelvlies auf die entsprechenden Stoffstücke sowie auf das rückwärtige Stoffteil aufbügeln.

2 Die Stoffstücke von derselben Größe links aufeinander legen. Das Rückenteil beiseitelegen und oben an die anderen Teile, die die Taschen ergeben, Schrägband nähen. Da das Utensilo nicht gewaschen wird, kann man das Schrägband hinten an den Taschen auch festkleben, wenn es einem lieber ist.

3 Einen kleinen Teller o. Ä. als Vorlage nehmen und die Ecken des hinteren Teils rund zuschneiden.

4 Die größte Tasche der Länge nach über die Vorderseite des Rückenteils legen. Feststecken, dann entlang der Seiten, nah an der unversäuberten Kante, anheften.

5 Den überschüssigen Stoff in gleichgroße Falten legen und die Kanten der Falten zusammennähen.

6 Zum Verschönern habe ich noch einen Streifen Schrägband über das Henkelband genäht. Die Henkel hinten auf der Tasche, also dem Rückenteil, so positionieren, dass sich an jedem Ende ein Klettverschluss befindet. Festnähen. Die Position der Henkel mit dem Stuhl abgleichen, damit sie richtig platziert sind.

7 Das Rückenteil umdrehen, alle Taschen darauflegen, feststecken und dann ringsherum nah am Rand anheften.

8 Das Schrägband ringsherum annähen.

9 Den Klettverschluss in der Tasche mit den Falten anbringen, damit sie nicht aufklafft.

Tipp
Um die untere Tasche zu teilen, kann in der Mitte ein Knopf angenäht werden.

Aufbewahrungs-würfel

Mit diesen praktischen Aufbewahrungswürfeln wird die Küche oder das Kinderzimmer immer aufgeräumt sein. Sie bestehen aus Stoffquadraten und können nach Geschmack und passend zur Einrichtung gestaltet werden.

Sie brauchen:

- Stoffquadrate, 25,5 × 25,5 cm (10-mal zuschneiden)
- Stoffstreifen für die Henkel, 10 × 20,5 cm (4-mal zuschneiden)
- mittelstarkes Bügelvlies, 23 × 23 cm (10-mal zuschneiden)
- Sprühkleber für Stoff

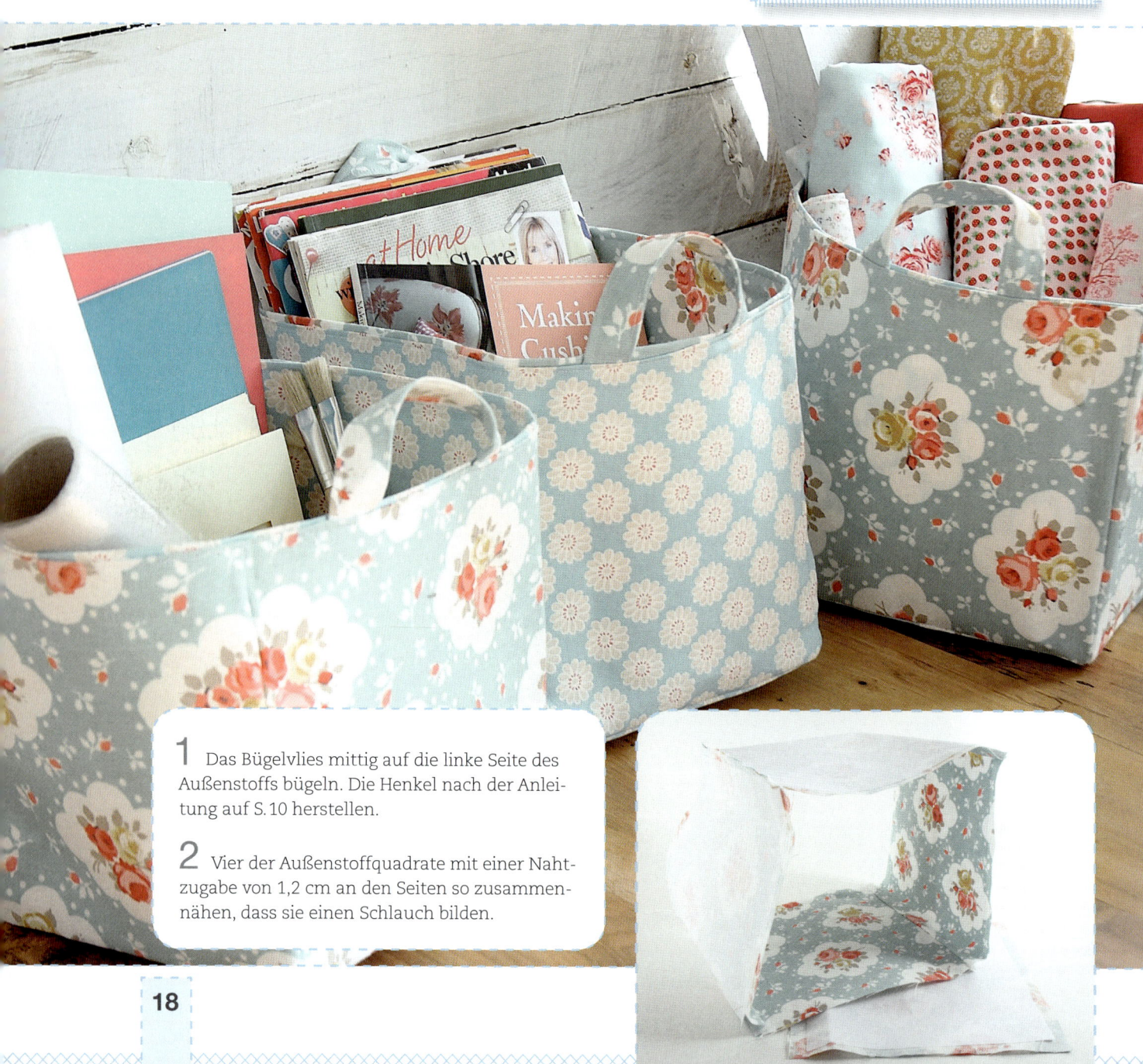

1 Das Bügelvlies mittig auf die linke Seite des Außenstoffs bügeln. Die Henkel nach der Anleitung auf S. 10 herstellen.

2 Vier der Außenstoffquadrate mit einer Nahtzugabe von 1,2 cm an den Seiten so zusammennähen, dass sie einen Schlauch bilden.

3 Das Quadrat für den Boden feststecken und ringsum festnähen.

4 Ebenso mit dem Futterstoff verfahren.

5 Das Futter in den Außenwürfel stecken. Den oberen Rand des Futters und des Außenstoffs um 1,2 cm gegeneinander einschlagen und feststecken; an gegenüberliegenden Seiten die Henkel zwischen Futter und Außenstoff schieben und feststecken. Um den ganzen oberen Rand herumnähen.

Tipp

Man kann auch ein hübsches Foto auf bedruckbare Leinwand drucken und auf einer Seite des Würfels befestigen. Manche bedruckbaren Stoffe sind zum Aufbügeln. Ich habe locker gewebtes Segeltuch verwendet. Bei dem Würfel für Hundefutter bin ich genauso vorgegangen wie bei den Stoffwürfeln, nur habe ich hier Sackleinen verwendet.

Spielzeugbeutel

Eine einfache Möglichkeit, weiche Spielzeuge oder Bauklötzchen aufzubewahren; außerdem eignet sich dieser Beutel auch prima als Spielunterlage!

Sie brauchen:

- Außenstoff, Kreis mit einem Durchmesser von 66 cm
- Futterstoff, Kreis mit einem Durchmesser von 66 cm
- 2 Kordelstücke, 1,14 m lang und 6 mm breit
- 4 Metallösen, 1,2 cm im Durchmesser

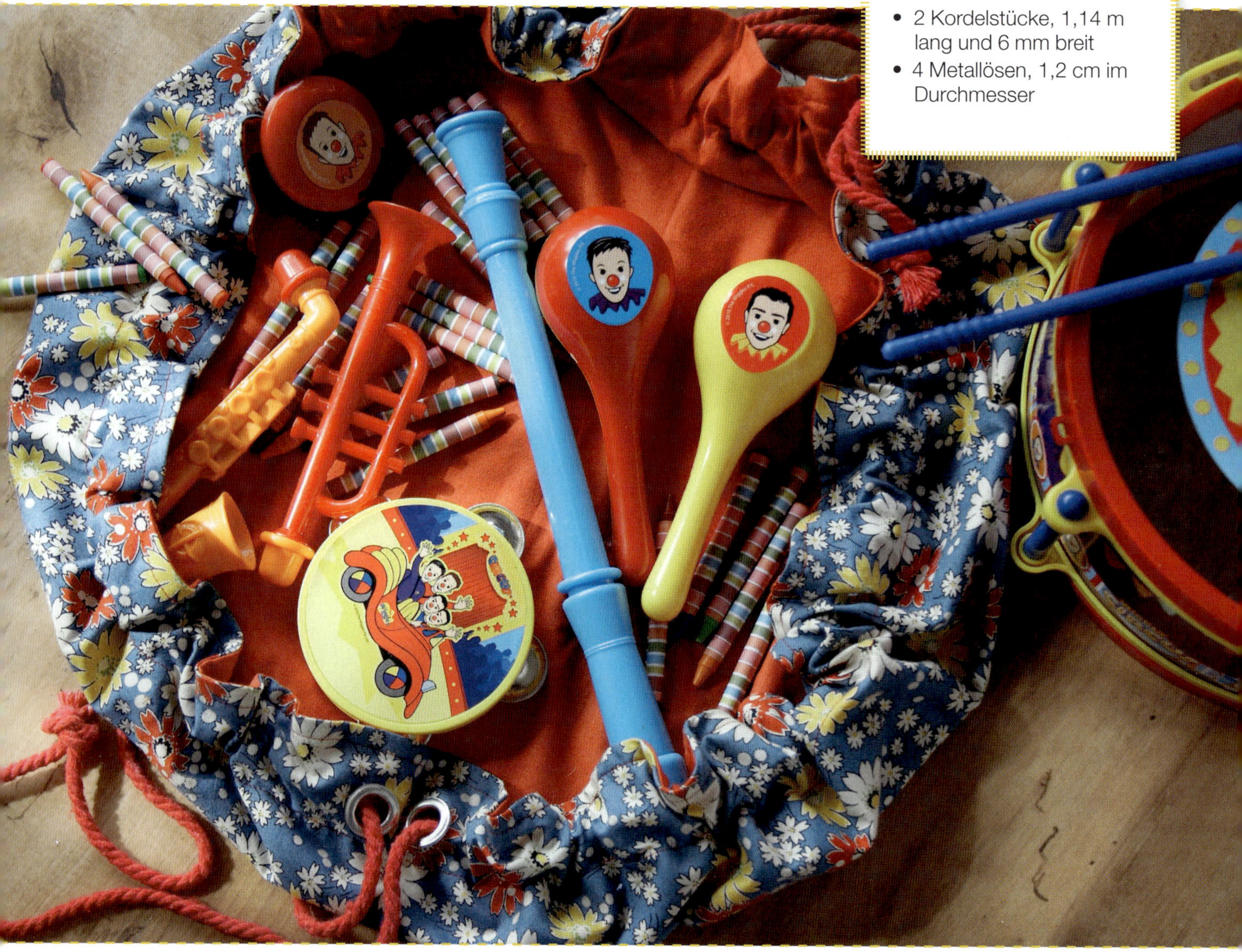

1 Die Kreise zeichnen und ausschneiden. Den Außenstoff in der Mitte falten und die Enden des Falzes markieren. 3,3 cm von der Kante abmessen und zwei Punkte zeichnen, die 3,3 cm voneinander entfernt sind. Auf der anderen Seite des Kreises genauso verfahren. An jedem der Punkte eine Öse einfügen, wie auf S. 11 beschrieben.

2 Die beiden Kreise rechts auf rechts zusammenlegen und ringsherum zusammennähen. Dabei zum Wenden eine Lücke von ca. 7,5 cm lassen. Die Nahtzugabe mehrmals einschneiden, wenden und bügeln. Danach die Lücke mit dem Leiterstich (s. S. 13) schließen.

3 6 mm von der Kante entfernt im Kreis steppen, dann einen weiteren Kreis 5 cm von der Kante entfernt steppen, um einen Tunnel für die Kordel herzustellen.

Tipp
Der Beutel kann größer gemacht werden, damit mehr Spielzeug darin Platz findet.

4 Eine der Kordeln durch eine Öse fädeln, dann im Tunnel um den ganzen Kreis herum und zur Öse daneben wieder heraus. Am besten ein wenig Klebeband um die Enden der Kordel wickeln, damit sie nicht ausfranst, und zum Einfädeln eine Sicherheitsnadel am Ende der Kordel befestigen.

5 Den Kreis drehen und die andere Kordel in die gegenüberliegenden Öse einfädeln, danach wie gehabt durch den Tunnel. In die losen Enden der Kordel einen Knoten machen und an beiden Seiten ziehen, um die Tasche zuzuziehen.

Beutel für Haarglätter

In diesem praktischen Beutel kann man entweder einen Haarglätter oder einen Lockenstab verstauen, selbst wenn sie noch heiß sind. Der Beutel ist mit hitzebeständigem Stoff gefüttert. An der Rückseite befindet sich sogar eine Tasche, in der das Kabel ordentlich aufbewahrt werden kann.

Sie brauchen:

- Baumwollstoff, 25,5 × 25,5 cm
- hitzeresistentes Bügelvlies, 25,5 × 25,5 cm
- Bügeltischbezugsstoff, 25,5 × 25,5 cm
- Stoff für die Außentasche, 23 × 20,5 cm
- Gummiband, 13 cm lang und 6 mm breit
- eine kleine Sicherheitsnadel
- Schrägband, 63,5 cm lang und 1,2 cm breit

1 Den Bügeltischbezugsstoff mit der glänzenden Seite nach unten auf die Schneidematte legen, das hitzebeständige Bügelvlies mit der glänzenden Seite nach unten darauflegen und zuoberst den Baumwollstoff mit der Vorderseite nach oben. Die rechte obere Ecke rund schneiden.

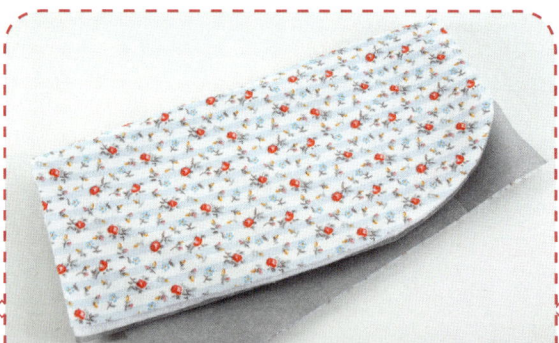

2 Am Stoff für die Außentasche von den unteren Ecken 4 cm nach innen abmessen und von diesen Punkten zu den oberen Ecken schneiden. Die obere Kante zweimal um etwas mehr als 6 mm umfalten und absteppen, um einen Tunnel für das Gummiband herzustellen. Die Sicherheitsnadel am Ende des Gummibandes befestigen und das Band durch den Tunnel fädeln. Beide Enden festnähen.

3 Den Beutelstoff der Breite nach falten, Falz markieren, Tasche mit der Vorderseite nach unten auf die vordere Hälfte legen. Auf der Mittelfalte festnähen.

4 Die Außentasche umklappen und an den anderen beiden Seiten nahe an der Kante entlangnähen. Schrägband (s. S. 10) um die Kurve herum und entlang der Oberkante der Tasche festnähen.

5 Die Tasche wieder falten und die Seite und die untere Kante der Tasche mit Schrägband versäubern.

Tipp
Wer die Tasche aufhängen will, kann dafür oben eine kleine Schlaufe annähen.

Handarbeits-tasche

Wenn Sie unterwegs handarbeiten, bietet diese Handarbeits-tasche Platz für all Ihre Werkzeuge! Ich habe sowohl für den Außenstoff als auch für das Futter einen schweren Baumwoll-stoff verwendet. Von beiden Stoffen benötigen Sie je ca. 68 cm.

Sie brauchen:

- Außenstoff für die Seiten, 40,5 × 28 cm (2-mal zuschneiden)
- Futterstoff, 40,5 × 28 cm (2-mal zuschneiden)
- Außenstoff für die Enden, 28 × 15 cm (2-mal zuschneiden)
- Futterstoff für die Enden, 28 × 15 cm (2-mal zuschneiden)
- Außenstoff für die Taschen, 18 × 53,5 cm (4-mal zuschneiden)
- Futterstoff für die Taschen, 18 × 53,5 cm (4-mal zuschneiden)
- Außenstoff für den Boden, 40,5 × 15 cm
- Futterstoff für den Boden, 40,5 × 15 cm
- ein Stück Taschenboden oder steifen Pappkarton, 38 × 13 cm
- Außenstoff für die Henkel, 6,5 × 25,5 cm (2-mal zuschneiden)
- 4 Knöpfe
- 4 Taschenfüße
- 2 Holzstäbe zur Versteifung, 38 cm lang und 1,2 cm im Durchmesser
- Schrägband, 1,14 m lang und 2,5 cm breit
- starken Stoffkleber

1 Alle kleinen Taschenteile rechts auf rechts auf die entsprechenden Futterstoffteile legen und oben zusammennähen. Wenden und bügeln.

2 Auf den beiden Vorderseiten der Außentasche die langen Taschen an der Seite feststecken.

3 Den Mittelpunkt feststecken und auf der Außentasche nach unten nähen, um sie zu befestigen; am oberen Ende zur Verstärkung die Naht verriegeln.

4 Die Falten der Außentasche knicken und bügeln; dabei darauf achten, dass sie den gleichen Abstand von der Mittelnaht haben. Die Falten steppen. Den unteren Rand feststecken und festnähen.

5 Die Enden der Innentaschen ebenfalls auf der rechten Seite des Futterstoffs festnähen. Dieses Mal den Innentaschenstoff zu „Röhren" falten, damit Stifte etc. darin aufbewahrt werden können. Die Röhren müssen nicht unbedingt gleich groß sein. Feststecken, dann an den Kanten jeder Röhre entlangnähen; die Naht oben verriegeln.

6 Das Taschenfutter fertigstellen, indem Sie die Seitenteile zusammennähen und danach unten den Boden feststecken und annähen.

7 Mit der Außenseite der Tasche ebenso verfahren und danach wenden. Den Taschenboden unten in die Außenhülle kleben. Wenn der Kleber getrocknet ist, an jeder Ecke des Bodens einen Taschenfuß befestigen (s. Taschenfüße S. 11).

8 Das Futter in die Tasche stecken und an den Seiten zusammenstecken.

9 Das Schrägband am oberen Rand der Tasche festnähen (s. S. 10) und die Kante um 3 cm umschlagen. Die Henkel herstellen (s. Taschenhenkel aus Stoff, S. 10) und auf jeder Seite oben in der Mitte festnähen; an jedem Ende mit einem Knopf sichern. Dann auf jeder Seite einen Holzstab unter den Umschlag schieben und festkleben.

Tipp

An den Seiten können weitere Taschen angebracht werden. Man kann festes Bügelvlies verwenden, wenn es robuster werden soll. Diese Tasche ist mit einer der Stoffblumen von S. 12 verziert.

Mäppchen

In diesem kleinen Mäppchen mit Reißverschluss lässt sich alles Mögliche verstauen – von Strickgarn über Stifte und Lineale für die Schule bis hin zu Musikinstrumenten wie Blockflöten. Ich habe einen ziemlich schweren Baumwollstoff verwendet, damit das Mäppchen seine Form wahrt.

Sie brauchen:

- Außenstoff für die Seiten, 40,5 × 15 cm (2-mal zuschneiden)
- Futterstoff für die Seiten, 40,5 × 15 cm (2-mal zuschneiden)
- Außenstoff für den Boden, 40,5 × 10 cm
- Leichtschaumplatte oder festen Karton für den inneren Boden, 38 × 7,5 cm
- Futterstoff zum Abdecken, 48 × 15 cm
- Kontraststoff für die Reißverschluss-Stoffbahn, 76 cm lang und 13 cm breit
- Futterstoff für die Reißverschluss-Stoffbahn, 76 cm lang und 13 cm breit
- Endlosreißverschluss, 76 cm
- 2 Schieber
- Sprühkleber für Stoff
- Band für den Henkel, 25,5 cm
- Spitze für den Henkel, 25,5 cm
- 1 Knopf

1 Die beiden langen Stoffstreifen – Außen- und Futterstoff – der Länge nach zerschneiden. Eine Kante des Reißverschlusses mit der Vorderseite nach unten auf den Außenstoff nähen, dann das Futter darauflegen und nochmal über die Stiche nähen. Mit der anderen Seite des Reißverschlusses ebenso verfahren. Bügeln und dabei die Nylonzähne des Reißverschlusses meiden, damit sie nicht schmelzen.

2 Den Reißverschlussstreifen rechts auf rechts auf eines der Seitenteile legen. An drei Seiten feststecken und festnähen, wie auf der Abbildung gezeigt.

3 Den Futterstoff so platzieren, dass der Reißverschlussstreifen zwischen dem Außen- und dem Futterstoff der Tasche liegt; feststecken und nochmals über die Stiche nähen. Wenden.

4 Die zweite Seite der Tasche ebenso an den Reißverschlussstreifen nähen – den Außenstoff auf eine Seite des Reißverschlusses, das Futter auf die andere. Und so sieht das Mäppchen jetzt aus, bevor der Boden eingefügt wird.

5 Das Mäppchen wenden und den Boden rechts auf rechts feststecken und annähen. Achten Sie darauf, dass der Reißverschluss ein wenig geöffnet ist, damit das Mäppchen gewendet werden kann.

6 Mäppchen wenden. Für den Innenboden das Kartonstück mit Stoff beziehen und festkleben.

7 Wenn der Kleber getrocknet ist, ein wenig Kleber entlang der Kanten der Unterseite des Bodens auftragen und in das Mäppchen schieben; darauf achten, dass kein Klebstoff auf das Futter gelangt. Die unversäuberten Nähte unten im Mäppchen unter den Boden schieben, damit es ordentlicher aussieht.

8 Für den Henkel das Band und die Spitze zusammennähen oder -kleben. Eine Schlaufe bilden und mit einem Knopf an einer Ecke des Mäppchen befestigen.

Tipp

Wenn es als Federmäppchen dienen soll, kann man es noch mit Applikationen oder Stofffarben gestalten!

Kleiderhülle

Dies ist eine schicke Kleiderhülle für eine Jacke oder eine Bluse, mit einer praktischen Tasche auf der Rückseite. Messen Sie das Kleidungsstück ab, bevor Sie Stoff kaufen gehen, und passen Sie die Maße an, falls die Hülle länger werden muss. In meine passt ein Blazer hinein. Den Reißverschlussbereich und das Seitenteil habe ich großzügig bemessen, falls notwendig, können Sie diese verkleinern.

Sie brauchen:

- Hauptstoff, 56 × 102 cm
- Kontraststoff, 56 × 102 cm
- Kontraststoff für den Reißverschlussbereich, 23 × 102 cm
- Kontraststoff für den Seitenbereich, 335 × 10 cm (Sie können auch mehrere Stücke zusammennähen.)
- Stoff für die Tasche, 56 × 35,5 cm
- Schrägband, 6,7 m lang und 2,5 cm breit
- Endlosreißverschluss, 1,63 m
- 2 Schieber
- 1 Kleiderbügel
- einen selbstlöschenden Stift

1 Den Stoff für den Reißverschlussbereich der Länge nach auseinanderschneiden. 76 cm vom Endlosreißverschluss abschneiden und einen Schieber einfügen. Den Reißverschluss rechts auf rechts auf die lange Kante des Stoffs stecken und festnähen. Dazu den Reißverschlussnähfuß verwenden. Mit der anderen Seite des Reißverschlusses und dem zweiten Stoffstreifen ebenso verfahren.

2 Den Hauptstoff der Länge nach auseinanderschneiden und dazwischen den Reißverschlussstreifen feststecken und festnähen. Um das Ganze etwas stabiler zu gestalten, kann man noch an den Seiten des Reißverschlusses entlangsteppen.

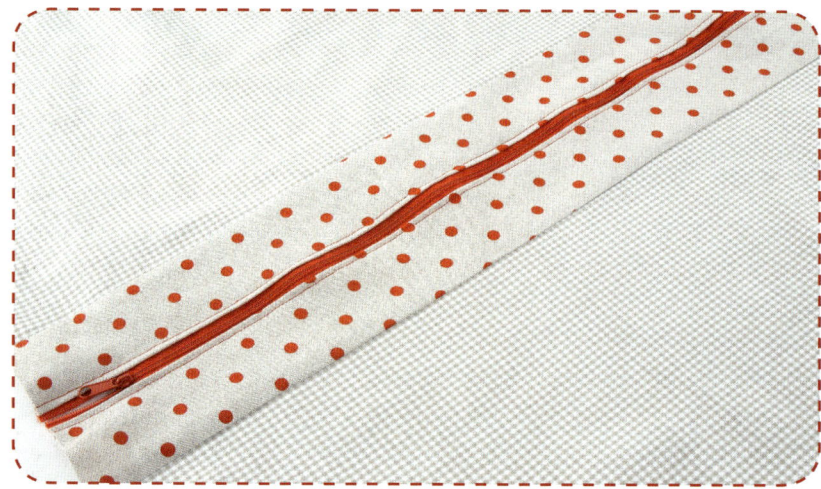

3 Vom Kontraststoff für die Rückseite unten 28 cm abschneiden.
Daraus wird die von außen zugäng-
liche Tasche der Hülle gefertigt.
Den Rest des Reißverschlusses mit
dem Schieber zwischen den beiden
Rückseitenteilen einfügen.

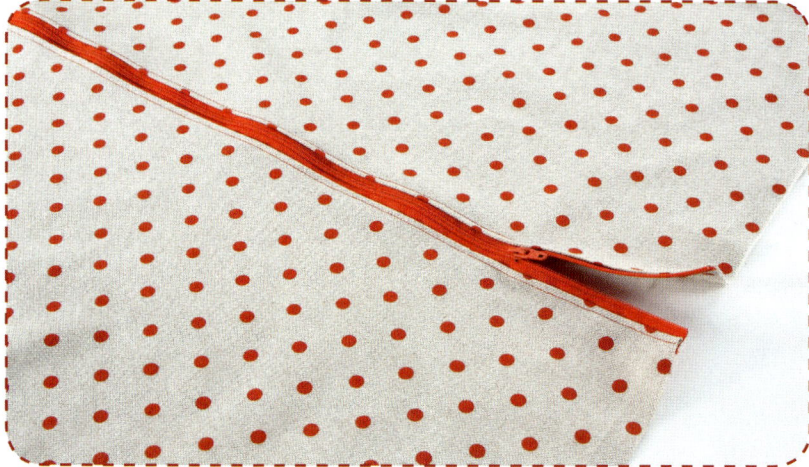

4 Den Stoff für die Außentasche
mit der Vorderseite nach unten
über die Rückseite des Reißverschlusses legen, sodass die rechte
Seite erscheint, wenn der hintere
Reißverschluss offen ist.

5 Den Innentaschenstoff zur
Oberkante und zur Rückseite des
Stoffs umschlagen und oben entlangnähen, damit man die unver-
säuberte Kante nicht sehen kann,
wenn man den hinteren Reißverschluss öffnet.

6 Das abgesteppte Stoffteil für
die Tasche wieder auflegen und
zum späteren Annähen feststecken.

7 Den Kleiderbügel oben in die
Mitte der Hülle legen und mit dem
selbstlöschenden Stift um eine
Hälfte herumzeichnen.

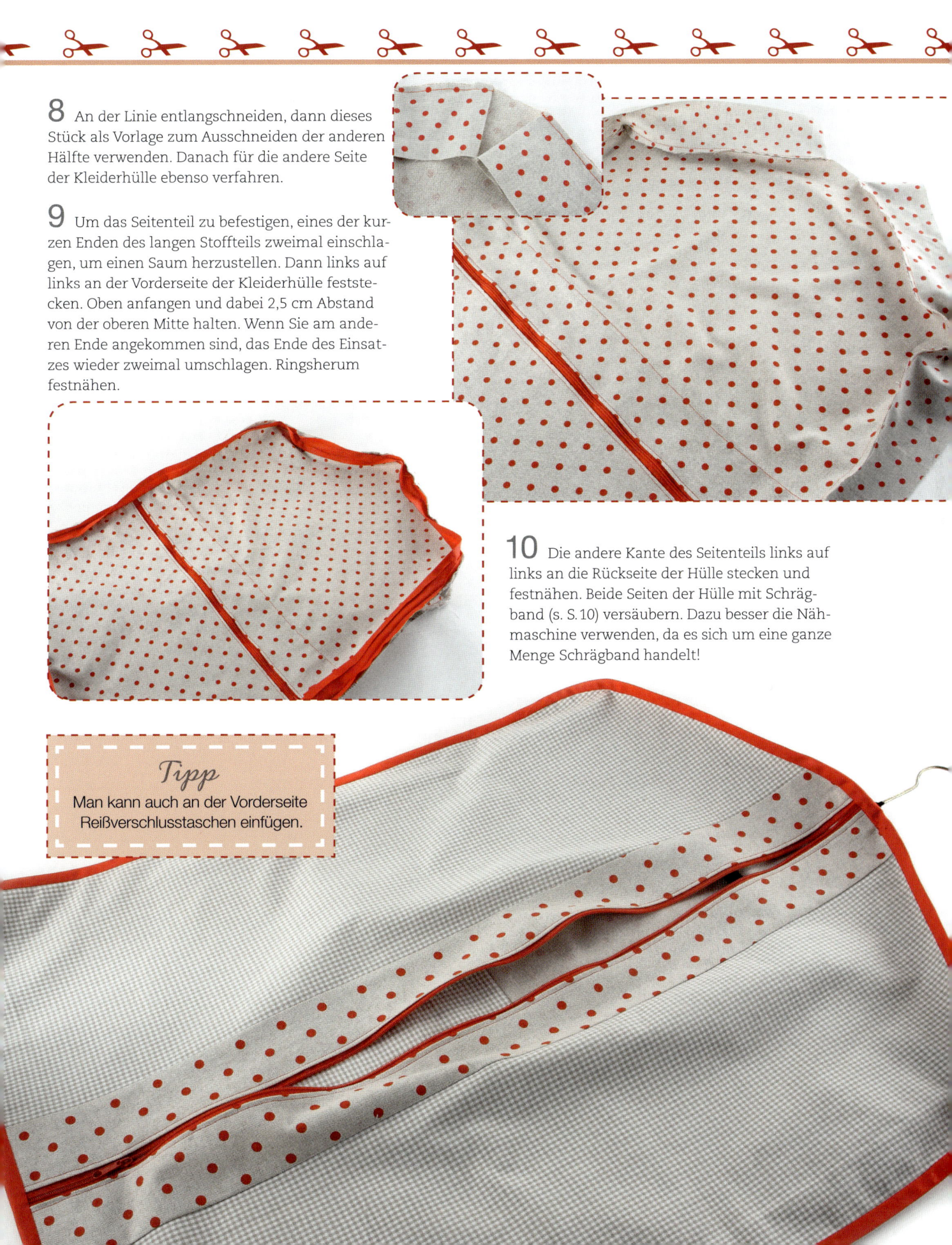

8 An der Linie entlangschneiden, dann dieses Stück als Vorlage zum Ausschneiden der anderen Hälfte verwenden. Danach für die andere Seite der Kleiderhülle ebenso verfahren.

9 Um das Seitenteil zu befestigen, eines der kurzen Enden des langen Stoffteils zweimal einschlagen, um einen Saum herzustellen. Dann links auf links an der Vorderseite der Kleiderhülle feststecken. Oben anfangen und dabei 2,5 cm Abstand von der oberen Mitte halten. Wenn Sie am anderen Ende angekommen sind, das Ende des Einsatzes wieder zweimal umschlagen. Ringsherum festnähen.

10 Die andere Kante des Seitenteils links auf links an die Rückseite der Hülle stecken und festnähen. Beide Seiten der Hülle mit Schrägband (s. S. 10) versäubern. Dazu besser die Nähmaschine verwenden, da es sich um eine ganze Menge Schrägband handelt!

Tipp
Man kann auch an der Vorderseite Reißverschlusstaschen einfügen.

Tasche für Reisebügeleisen

Diese Bügeleisentasche lässt sich zu einer Minibügelfläche ausklappen – einfach perfekt für den Urlaub! Achtung: Auch wenn die Einlage hitzebeständig ist, ist sie nicht absolut hitzeundurchlässig. Achten Sie darauf, auf welche Oberfläche Sie die Unterlage legen.

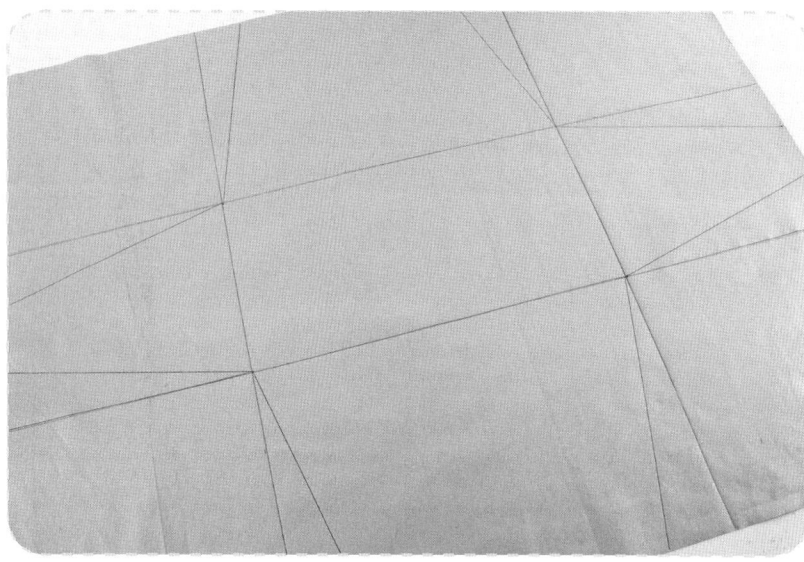

1 Den Bügeltischstoff auslegen und parallel zu jeder Kante im Abstand von 20,3 cm eine Linie zeichnen. Dies ergibt ein Rechteck in der Mitte des Stoffs. Einen Bleistift verwenden, damit die Linien ausradiert werden können. Zeichnen Sie von jeder Ecke dieses Rechtecks eine Linie zu einem Punkt auf der Stoffkante, der sich 5 cm weiter innen als die Originallinien befindet.

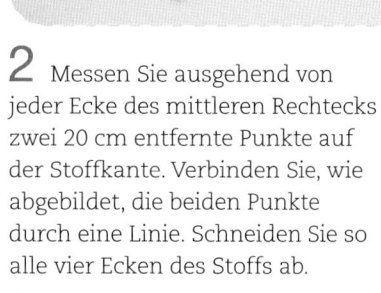

2 Messen Sie ausgehend von jeder Ecke des mittleren Rechtecks zwei 20 cm entfernte Punkte auf der Stoffkante. Verbinden Sie, wie abgebildet, die beiden Punkte durch eine Linie. Schneiden Sie so alle vier Ecken des Stoffs ab.

3 Das hitzebeständige Bügelvlies auf die Rückseite des Hauptstoffs aufbügeln. Den Bügeltischstoff darauf legen und das Ganze zusammenstecken. Die Ecken des Stoffs so abschneiden, dass alle drei Schichten dieselbe Größe haben. Mit dem Obertransportfuß und großer Stichlänge um das zentrale Rechteck herumnähen, dann über die acht diagonalen Linien nach außen, wie auf der Abbildung gezeigt.

4 Die Tasche wie hier gezeigt falten und feststecken.

5 Mit dem selbstlöschenden Stift die Stellen markieren, an denen das Gummiband und der Knopf jeweils befestigt werden sollen. Markieren Sie die Stellen auf beiden Seiten der Tasche und befestigen Sie die Gummistücke zwischen den Stoffschichten mit Stecknadeln.

6 Die Tasche flach auf den Tisch legen und die Henkel in Position stecken.

7 Die Kanten ringsherum mit Schrägband versäubern (s. S. 10). Dabei mehrmals über die Henkel und das Gummiband nähen, um sie sicher zu befestigen.

8 Die Knöpfe annähen.

Tipp
Für ein normal großes Bügeleisen vergrößern Sie die Maße.

Schmuckbeutel

Wenn Sie Schmuck verschenken wollen, können Sie ihn mit diesem Beutel hübsch präsentieren, aber er ist auch praktisch, wenn Sie Ihren eigenen Schmuck mit auf Reisen nehmen wollen. So bekommen Ihre Schmuckstücke keine Kratzer ab.

Sie brauchen:

- Außenstoff, Kreise mit einem Durchmesser von 28 cm (2-mal zuschneiden)
- Taschenstoff, Kreise mit einem Durchmesser von 19 cm (2-mal zuschneiden)
- Pappe, Kreis mit einem Durchmesser von 6,5 cm
- Band, 1,02 m
- eine Sicherheitsnadel
- Sprühkleber für Stoff
- einen selbstlöschenden Stift

1 Die Stoffkreispaare rechts auf rechts aufeinanderlegen und mit 6 mm Nahtzugabe zusammennähen. Die Nahtzugabe einschneiden, damit sie ordentlicher aussieht.

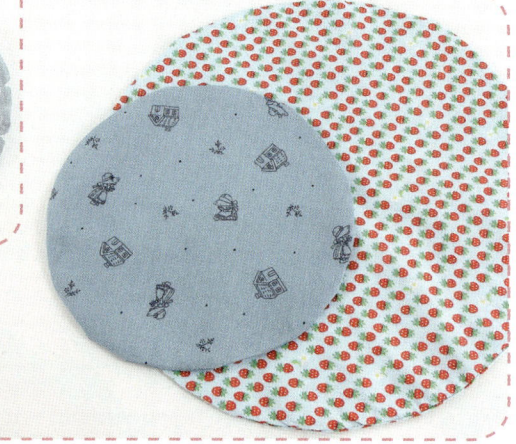

2 Auf einer Seite der Kreise jeweils ein Loch in die Mitte schneiden, die Kreise bügeln.

3 Den äußeren Kreis mit dem Loch nach oben auf den Tisch legen, den Pappkreis mittig darauflegen und mit ein wenig Klebstoff fixieren. Dann den kleinen Kreis mit dem Loch nach unten mit ein wenig Klebstoff darauf befestigen.

4 Den Pappkreis mit dem selbstlöschenden Stift nachzeichnen und von diesem Kreis aus sechs Linien in gleichmäßigem Abstand zum Rand des Taschenkreises ziehen. Über diese Linien nähen, um die Innentaschen zu bilden.

5 Für den Tunnelzug 1,2 cm vom Rand des großen Kreises entfernt zwei 6 mm voneinander entfernte parallele Linien nähen.

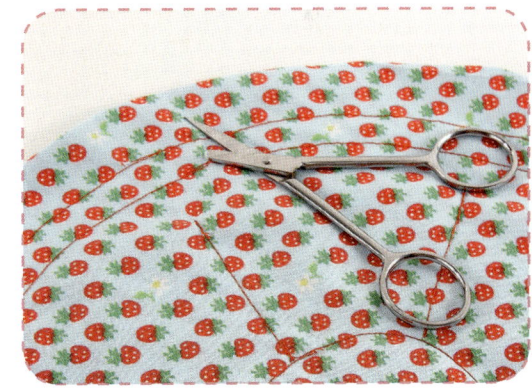

6 Mit einer kleinen Schere ein kleines Loch von außen in diesen Tunnel schneiden, um das Band hindurchziehen zu können. Das Loch im Saumstich versäubern, wenn gewünscht.

7 Die Sicherheitsnadel an einem Ende des Bandes befestigen und durch den Tunnel ziehen.

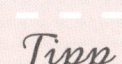

Tipp

Ein paar Beutelchen in unterschiedlichen Farben sind schön anzusehen, und Sie können darin nicht nur Schmuck aufbewahren – sie eignen sich auch hervorragend für Garnspulen.

Gartentasche

Wer einen grünen Daumen hat, wird diese Tasche zum Aufbewahren von Samen, kleinen Gartenwerkzeugen und Handschuhen sehr nützlich finden. Sie können sie auch größer machen, damit größere Gegenstände hineinpassen. Ich habe für meine Tasche Leinen verwendet, weil es ihr einen rustikalen Look verleiht.

Sie brauchen:

- Hauptstoff, 20,5 × 20,5 cm (9-mal zuschneiden)
- Kontraststoff 1, 20,5 × 15 cm (4-mal zuschneiden)
- Kontraststoff 2, 20,5 × 10 cm (4-mal zuschneiden)
- Kontraststoff 2 für den Boden, 20,5 × 20,5 cm
- Schrägband, 2,5 m (Ich habe eines mit Spitzenrand verwendet.)
- Stoffstücke für die Henkel, 5 × 15 cm (2-mal zuschneiden)
- dazu passendes Band, 15 cm lang und 1,2 cm breit (2-mal zuschneiden)
- 4 Knöpfe

1 Den oberen Rand jedes Kontraststoffteils mit Schrägband versäubern (s. S. 10). Diese ergeben die Taschenteile. Die Taschenteile wie auf der Abbildung gezeigt auf vier der Hauptstoffteile legen und feststecken. Sie ergeben die Außenseite der Tasche.

2 Die vier Teile mit der Außenseite nach innen zusammenlegen und zusammennähen, sodass sie einen Schlauch bilden.

3 Den quadratischen Boden unten an der Tasche feststecken und anschließend ringsherum festnähen.

4 Auf rechts wenden. Mit den verbleibenden fünf Quadraten Hauptstoff auf dieselbe Weise das Futter herstellen. Das Futter in die Tasche stecken und am oberen Rand feststecken. Eventuell heften. Darauf achten, dass die oberen Ränder exakt aufeinanderliegen.

5 Den oberen Rand der Tasche mit Schrägband versäubern. Den Stoff für die Henkel der Länge nach zur Mitte falten, dann ein Stück passendes Band darübernähen.

6 Die Henkel auf beiden Seiten der Tasche feststecken, die Enden eingefaltet, und an jedem Ende mit einem Knopf fixieren.

Tipp
Wer kleinere Außentaschen haben möchte, kann vor dem Zusammennähen der Seiten mittig über jede Tasche nähen.

Thermo-Tragetasche

Diese Thermo-Tragetasche ist nicht nur eine perfekte Methode, Heißes zu transportieren, sondern dank ihrer Isolierung auch bestens geeignet, die Speisen warmzuhalten. Messen Sie Ihre Auflaufform ab, bevor Sie anfangen. Meine ist 23 × 15 cm groß und 7,5 cm hoch.

Sie brauchen:

- Außenstoff, 61 × 28 cm
- Futterstoff, 61 × 28 cm
- isolierendes Bügelvlies, 61 × 28 cm
- Außenstoff, 20,5 × 28 cm (2-mal zuschneiden)
- Futterstoff, 20,5 × 28 cm (2-mal zuschneiden)
- isolierendes Bügelvlies, 20,5 × 28 cm (2-mal zuschneiden)
- 2 Holzstäbe, 26,5 cm lang und 1,2 cm im Durchmesser
- aufnähbares Klettband, 15 cm
- Band, 38 cm
- einen kleinen Holzkochlöffel
- einen Teller mit einem Durchmesser von 20,5 cm als Schablone
- 4 Knöpfe

1 Das lange Stoffrechteck um die Auflaufform schlagen, um sicherzustellen, dass die Tasche passen wird.

2 An einem der kurzen Enden des langen Stoffrechtecks mit dem Teller einen Bogen einzeichnen und ausschneiden, um den Henkel herzustellen. Sicherstellen, dass zu beiden Seiten des Bogens noch 5 cm Stoff übrig sind. Das ausgeschnittene Stoffstück als Vorlage nehmen, um auch auf der anderen Seite einen Bogen zu zeichnen und auszuschneiden. Futter und Bügelvlies entsprechend zuschneiden.

3 Bügelvlies auf den Tisch legen, darauf mit der rechten Seite nach oben den Futterstoff, gefolgt vom Außenstoff (rechte Seite nach unten). Die Stoffstücke zusammennähen, dabei an beiden langen Kanten mittig eine 20 cm große Öffnung lassen.

4 Die Ecken abschneiden und die Nahtzugaben der Bogen einschneiden, dann auf rechts wenden.

5 Bügeln. Dort, wo sich auf beiden Seiten die Lücken in der Naht befinden, den Stoff nach innen falten, sodass er mit den Nähten auf Linie ist, und erneut bügeln.

6 Für die Seiten die kleineren Stoffteile aufeinanderschichten: zuerst das Bügelvlies, dann das Futter (rechte Seite nach oben) und schließlich den Außenstoff (rechte Seite nach unten). An drei Seiten zusammennähen, eine der schmalen Seiten offenlassen. Die Ecken abschneiden, wenden und bügeln. Mit den übrigen Stoffteilen wiederholen, um die andere Seite herzustellen.

7 Die beiden Rechtecke in die Lücken an den Seiten des langen Rechtecks schieben und feststecken. Dadurch ergibt sich eine Kreuzform. Mehrmals über die Öffnungen steppen, um die Tasche stabiler zu machen.

8 Die Tragetasche um die Auflaufform schlagen und markieren, wo der Klettverschluss hinkommen soll. Den Klettverschluss mit der Nähmaschine annähen.

9 Ihre Auflaufform sollte bequem hineinpassen.

10 Die Enden der Tasche um ca. 2,5 cm umschlagen und drei- bis viermal darübernähen, damit sie robuster wird. Nähen Sie über das offene Ende, sodass kleine Taschen entstehen. In diese werden die Holzstäbe als Henkel eingefügt. Knöpfe annähen und die Mitte des Bandes vorne auf der Tragetasche festnähen, damit Sie zusammen mit Ihren heißen Speisen auch den kleinen Holzlöffel transportieren können.

Unterbettkommode

Eine Unterbettkommode ist die ideale Lösung, um platzsparend Laken, Strickwaren oder auch Kinderspielzeug aufzubewahren. In der Hülle mit Reißverschluss ist alles ordentlich verstaut und bleibt staubfrei!

Sie brauchen:

- Stoffstücke für die Oberseite, 51 × 40,5 cm (2-mal zuschneiden)
- Stoffstücke für die Unterseite, 51 × 40,5 cm (2-mal zuschneiden)
- festes Bügelvlies 51 × 40,5 cm
- Stoff für die Seiten, 127 × 23 cm
- Stoff für die Rückseite, 46 × 24 cm
- Stoff für den Henkel, 25,5 × 6,5 cm
- Endlosreißverschluss, 1,37 m
- einen Teller mit einem Durchmesser von 15 cm als Schablone
- einen selbstlöschenden Stift

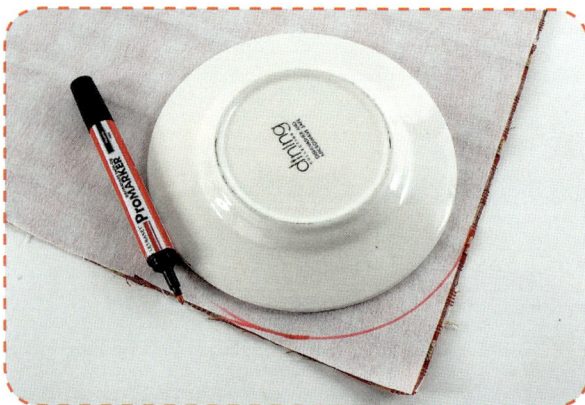

1 Das feste Bügelvlies auf die linke Seite des Unterseitenstoffs der Hülle aufbügeln. Den Oberstoff auflegen und mit dem Teller als Schablone und dem Stift über jede Ecke einen Bogen zeichnen. Die Ecken entlang des Bogens rund schneiden. (Ich habe auf der Abbildung einen Filzstift verwendet, damit es deutlicher wird.)

2 Das Stoffstück für die Seitenwände nehmen und an dessen Oberseite den Reißverschluss annähen. Benutzen Sie hierfür den Reißverschlussfuß an Ihrer Nähmaschine.

3 Den Reißverschluss umklappen und so vorsichtig bügeln, dass die Plastikzähne des Reißverschlusses nicht schmelzen.

4 Die kurzen Enden des Seitenwandstoffs rechts auf rechts zusammenlegen, sodass eine große Schlaufe entsteht. Markieren Sie die Mitte des Stoffstreifens mit einem selbstlöschenden Stift auf der Ober- und der Unterseite.

5 Den Deckel der Hülle der Breite nach falten und mit dem selbstlöschenden Stift auf jeder Seite die Mitte markieren. Die Mitte der Schlaufe auf der Seite, auf der sich der Reißverschluss befindet, auf die markierte Mitte an der Kante des Deckels legen und feststecken. Dann ringsherum feststecken und mit der Maschine zusammennähen. Nun sind Deckel und Seitenteil mit einem Reißverschluss verbunden.

6 Mit der Unterseite der Hülle wiederholen: Die Mitte der Kanten markieren, an den Seitenbereichen feststecken und ringsherum festnähen. Den Reißverschluss etwas offen lassen zum Wenden. Vorne an der Tasche beginnen, dann kann man die Seitennähte ein wenig straffen oder nachlassen, wenn der Stoff verrutscht, um eine perfekte Passform zu erhalten. Schließlich die Rückseite der Kommode festnähen.

7 Den Stoff für die Henkel nehmen und der Anleitung auf S. 10 folgen. Den Henkel vorne in der Mitte feststecken und annähen.

Windeltasche

Diese praktische Tasche für Windeln kann man entweder an das Kinderbettchen oder über einen Kleiderbügel hängen. Sie ist viel hübscher als die üblichen Plastikbehälter.

1 Die Schaumplatte mit Stoff überziehen, zur Unterseite hin einklappen und festkleben.

2 Die Enden der Riemen umklappen und bügeln; die Seiten zur Mitte falten, dann das Ganze noch einmal in der Mitte falten und bügeln. Eine Seite des Klettverschlusses auf das Ende legen und ringsherum nähen. Den zweiten Riemen ebenso herstellen.

3 Die kurzen Kanten der Tasche zweimal umklappen und absteppen, damit ein Saum entsteht. Den Stoff in der Mitte falten, Saum auf Saum, und mit dem Fingernagel die Mitte markieren. Dann die beiden gesäumten Kanten an dieser Markierung feststecken.

4 Gerade über die Ränder nähen, die die obere und die untere Kante der Wickeltasche bilden.

5 An den beiden unteren Ecken jeweils ein Quadrat mit 5 cm Seitenlänge ausschneiden. Die ausgeschnittenen Bereiche öffnen und darübernähen, um den Taschenboden herzustellen.

53

6 Oben an jeder Seite 6,5 cm nach innen falten und feststecken.

7 An dieser Stelle in gleichem Abstand von den Kanten die Riemen einfügen, sodass sie nach innen zeigen, Klettverschlussenden voraus, und erneut über die Naht nähen.

8 Auf rechts wenden, die Riemen umklappen, um zu sehen, wo die andere Hälfte des Klettverschlusses hingehört, und festnähen. Knöpfe zum Verzieren befestigen.

9 Den Boden unten in die Tasche einfügen. Die Öffnung von unten um etwa 10 cm von Hand im Leiterstich zunähen. Ich habe an dieser Stelle einen Knopf angenäht, um die Naht zu verstärken.

10 Ein wenig Klebstoff auf dem Holzstab verteilen und oben in die Tasche einfügen. Die Wickeltasche seitlich an das Kinderbettchen oder auf einen Kleiderbügel hängen.

Die Tasche kann auch als praktische Aufbewahrungsmöglichkeit im Badezimmer dienen.

Stricknadelrolle

Bewahren Sie Ihre Stricknadeln in dieser individuell gestaltbaren Stricknadelrolle mit Doppeltasche auf. Auch Ihre Reihenzähler und andere Helfer finden hier Platz!

Sie brauchen:

- Außenstoff, 25,5 × 51 cm
- Futterstoff, 25,5 × 51 cm
- Stoff für die große Innentasche, 25,5 × 20,5 cm (2-mal zuschneiden)
- Stoff für die kleinere Innentasche, 25,5 × 15 cm (2-mal zuschneiden)
- Schrägband, 2,45 m lang und 2,5 cm breit
- 1 Knopf
- einen Teller als Schablone

1 Die Stoffteile der beiden Innentaschen links auf links aufeinanderlegen, oben mit Schrägband versäubern. Den Futterstoff links auf links auf den Außenstoff legen, um die Rolle herzustellen, darauf die Innentaschen platzieren. Die oberen Ecken der Rolle abrunden, indem Sie einen kleinen Teller als Schablone verwenden.

2 Die Innentaschen in sechs Abschnitte unterteilen, indem Sie sie fünfmal von oben nach unten abnähen; Nähte jeweils oben an der Tasche verriegeln. Entlang der Außenkante der Rolle Schrägband feststecken.

3 Das Schrägband festnähen (s. S. 10). An der Rückseite habe ich es von Hand festgenäht, weil ich finde, dass das ordentlicher aussieht.

4 Um ein Band für die Rolle herzustellen, den Rest des Schrägbands der Länge nach falten, bügeln und an der offenen Kante zusammennähen. Dabei die Enden nach innen falten. Das Band an der einen Seite hinten an der Rolle mit einem Knopf annähen. Er sollte sich auf Höhe des oberen Abschlusses der Innentaschen befinden.

5 Zusammenrollen – fertig!

Tipp
Die Rolle kann auch aus Jeansstoff genäht oder für Häkelnadeln angepasst werden.

Stiftebehälter

In diesem großen Stiftebehälter können auch wunderbar Schminksachen aufbewahrt werden.

1 Das Bügelvlies hinten auf die entsprechenden Rechtecke aus Außenstoff aufbügeln.

2 Die eine Seite des Reißverschlusses mit der Vorderseite nach unten auf die rechte Seite des größeren Rechtecks legen, darauf das Futter. Feststecken und annähen.

3 Den Reißverschluss am kleineren Rechteck auf dieselbe Weise anbringen und bügeln. Einen Schlauch formen, das Futter nach außen, sodass sich die Enden des Reißverschlusses treffen, und zusammennähen. Die Naht mit Schrägband versäubern.

4 Die Einlagenkreise auf die linke Seite der Stoffkreise aufbügeln. In die Ränder der Futterstoffkreise einschneiden, Klebstoff auftragen und umklappen. Mit Büroklammern fixieren, wenn der Kleber Zeit zum Trocknen braucht.

5 Die äußeren Kreise an beiden Seiten des Schlauches feststecken und mit dem Reißverschlussnähfuß festnähen. Schrägband um die unversäuberten Kanten falten und festnähen. Achtung: Der Reißverschluss muss offen bleiben, damit sich die Hülle auf rechts wenden lässt!

Tipp
Verwenden Sie kein allzu festes Bügelvlies, sonst wird es schwierig, das Ganze zu wenden.

6 Auf die Rückseite der Futterstoffkreise Klebstoff auftragen und in Boden und Deckel schieben. Einen Stoffhenkel herstellen wie auf S. 10 beschrieben und oben an den Deckel nähen.

Ringkörbchen

Der hölzerne Stickrahmen hält dieses praktische Körbchen in Form. Sie können mehrere davon an eine Schiene in der Küche, in Arbeits-, Schlaf- oder Badezimmer hängen. In kleineren Körbchen können Sie Ihren Schmuck aufbewahren, in größeren beispielsweise Wollknäuel.

Sie brauchen:

- einen Stickrahmen aus Holz oder Bambus mit einem Durchmesser von 15 cm
- Außenstoff, 47 × 25,5 cm
- Futterstoff, 47 × 25,5 cm
- Band zum Aufhängen, 30,5 cm
- Zackenlitze oder Band, um den Rahmen zu verzieren, 51 cm
- Sprühkleber für Stoff

1 Außenstoff und Futterstoff am oberen Rand zusammennähen und bügeln.

2 Wie auf der Abbildung gezeigt in der Mitte rechts auf rechts falten und an der Seite zusammennähen, sodass ein Schlauch entsteht.

3 Den Schlauch öffnen und flach auf den Tisch legen, sodass sich die Seitennaht in der Mitte befindet. Dann die unteren Kanten zusammenstecken und mit 6 mm Nahtzugabe zusammennähen.

4 Die Unterkante des Futters ebenfalls zunähen, aber ca. 7,5 cm zum Wenden offenlassen. Nacheinander alle vier Ecken zusammendrücken und flach falten, sodass die Seitennaht auf der Bodennaht zum Liegen kommt. Sie spüren es mit den Fingern, wenn die Nähte aufeinanderliegen. Feststecken.

5 3,8 cm von der Spitze entfernt eine gerade Linie über diese Ecke zeichnen und nähen. So erhalten Sie die kompakte Bodenform. Den überschüssigen Stoff abschneiden. Die Tasche durch die Öffnung unten am Futter auf rechts wenden. Öffnung mit dem Leiterstich (s. S.13) von Hand zunähen.

6 Den Stickrahmen aufschrauben und so weit wie möglich öffnen. Den inneren Ring über die Oberkante des Stoffkörbchens legen. Den Stoff um etwa 2,5 cm über den Ring klappen.

7 Den größeren Ring so über den stoffbedeckten Ring legen, dass die Schraube hinten ist. Dann die Schraube festziehen, um den Stoff zu halten.

8 Das Band hinten an die Schraube binden und das Ringkörbchen aufhängen, indem Sie das Band zu einer Schleife binden. Zackenlitze oder Band als Verzierung auf den Ring kleben.

Tipp

Ich habe meine Ringkörbchen an eine Stange gebunden. Man kann sie als Deko mit getrockneten Blumen füllen oder Dinge darin aufbewahren.

Schubladen-einsatz

Dieser Schubladeneinsatz sieht nicht nur hübsch aus, sondern erfüllt auch einen ganz praktischen Zweck: Der Inhalt der Schublade kann in verschiedenen Fächern aufbewahrt werden, zerbrechliche Dinge werden dadurch geschützt. Ich habe jede Platte einzeln angefertigt, weil ich wollte, dass die Box so stabil ist, dass man sie herausnehmen und hinstellen kann.

1 Zunächst die Innenmaße der Schublade nehmen. Meine ist 24 × 21,5 × 15 cm groß.

2 Die Pappe so zuschneiden, dass sie 2,5 cm weniger als die gemessene Breite und 1,2 cm weniger als die gemessene Höhe misst. Mein Boden ist 21,5 × 19 cm, die langen Seiten sind 21,5 × 14 cm und die kurzen Seiten 19 × 14 cm groß.

3 Für jede Pappplatte Volumenvlies ausschneiden und auf einer Seite aufkleben.

4 Für jede Platte zwei Stoffstücke zuschneiden; dabei am Rand 2,5 cm zugeben, sodass Länge und Breite jeweils 5 cm größer sind.

5 Die Stoffteilpaare rechts auf rechts zusammenlegen und an drei Seiten zusammennähen; unten offenlassen, damit die Pappe hineingeschoben werden kann. Die Nahtzugabe beträgt 6 mm. Die Stoffhüllen auf rechts wenden und bügeln.

6 Kartonplatten in die Hüllen schieben. Die Hüllen kommen Ihnen jetzt vielleicht zu groß vor, aber keine Sorge! Die Wattierung zur Innenseite der Schubladeneinlage hin ausrichten.

7 Die unversäuberten Ränder nach innen falten und mit dem Reißverschlussnähfuß der Nähmaschine über die Öffnung steppen.

8 Die Seitenteile mit den gesteppten Kanten an den Boden anlegen. Die Pappe von dieser Kante wegschieben, damit Sie nicht darübernähen. Dann die Seitenteile nacheinander am Boden annähen. Wenn die Seitenteile nach oben geklappt werden, verschwinden die Nähte in den Falten.

9 Die Seitenteile nacheinander nach oben klappen und an den Seitenkanten mit dem Leiterstich zusammennähen (s. S. 13).

10 Den Einsatz in die Schublade stellen, dann die inneren Maße des Einsatzes nehmen. Meine misst 23 × 20,5 × 14,5 cm.

11 Für jede Unterteilung ein Stück Pappe in der Länge des Einsatzes minus 6 mm und in der Höhe des Einsatzes minus 2,5 cm zuschneiden. Stellen Sie davon zwei her. Meine sind 22 × 12 cm groß. In der Mitte falten und wieder aufklappen.

12 Vom Volumenvlies vier Teile von derselben Größe zuschneiden und beide Seiten jeder Unterteilung damit bedecken. Für jede Unterteilung zwei Stoffstücke ausschneiden, die 1,2 cm länger sind als die Platte und 2,5 cm höher. Die beiden Stoffteile rechts auf rechts aufeinanderlegen, an den drei oberen Seiten zusammennähen, wenden und bügeln.

13 Die Pappunterteilungen in diese Hüllen stecken, die unversäuberten Kanten nach innen klappen und ebenso wie die Seitenteile des Einsatzes zunähen. Die Unterteilungen in den Schubladeneinsatz stecken und mit ein wenig Sprühkleber befestigen.

Tipp

Sie können so viele Unterteilungen herstellen, wie sie wollen, und die hier gezeigten noch weiter unterteilen. Kleinere Fächer können sehr gut für Schmuck verwendet werden.

Kuscheltier-hängematte

Nähen Sie eine stylische Aufbewahrungshängematte für das Kinderzimmer, und die Teddys sind immer aufgeräumt!

1 Eines der Hauptstoffstücke der Breite nach falten. Den Stift an der Schnur befestigen und die Schnur an die obere Ecke halten (s. S. 12, *Einen Kreis zeichnen*). Über die gegenüberliegende Ecke einen Kreis zeichnen und ausschneiden. Den gleichen Vorgang bei allen vier Stoffstücken ausführen.

2 Um den oberen Rand jedes Stoffstücks abzurunden, den Stoff in der Mitte falten, 7,5 cm entlang der Falte markieren und 5 cm von der gegenüberliegenden Ecke. Die beiden Markierungen nach Augenmaß verbinden, sodass ein Bogen entsteht, und ausschneiden.

3 Ein Stück Außenstoff rechts auf rechts auf ein Stück Futterstoff legen und oben zusammennähen. Mit den anderen beiden Stoffstücken wiederholen.

4 Beide Teile zu einem Kreis ausklappen und rechts auf rechts zusammenlegen, sodass die Nähte aufeinanderliegen. Ringsherum festnähen; dabei im Futter eine etwa 10 cm große Lücke zum Wenden lassen.

5 Auf rechts wenden und die Öffnung mit dem Leiterstich schließen (s. S. 13). Das Futter in die Tasche schieben und bügeln. Oben an der Hängematte die Ösen für die Aufhängung anbringen (s. S. 11).

6 Um die Bänder herzustellen, die langen Stoffstreifen der Länge nach rechts auf rechts falten. Zusammenstecken. Jedes Ende im 45-Grad-Winkel zuschneiden. Ringsherum nähen, dabei an der Seite etwa auf halber Strecke eine Wendeöffnung lassen.

7 Die Spitzen abschneiden, dann mit dem Streifenwender wenden. Bügeln und die Öffnung mit dem Leiterstich schließen (s. S. 13). Die Bänder durch die Ösen fädeln und zu Schleifen binden.

Tipp
Anstatt die Bänder selbst zu nähen, einfach fertiges Band kaufen.

Großer Korb

In diesem Korb können Sie Spielzeug, Stoff oder Handtücher verstauen. Oder Sie können ihn für die Wäsche benutzen. Das feste Bügelvlies macht den Stoff recht dick, deshalb werden Sie für Ihre Nähmaschine eine Jeansnadel brauchen. Das Schrägband habe ich aufgeklebt, da das Ganze zu dick wurde, um unter den Nähfuß zu passen. Für die Außenseite habe ich einen schwereren Stoff verwendet, damit der Korb besser die Form wahrt, und als Futter einen Baumwollstoff.

Sie brauchen:

- Außenstoff, 43 × 61 cm (2-mal zuschneiden)
- Futterstoff, 43 × 61 cm (2-mal zuschneiden)
- mittelschweres doppelseitig haftendes Bügelvlies, 43 × 61 cm (2-mal zuschneiden)
- Außenstoff für den Boden, Kreis mit einem Durchmesser von 26,5 cm
- steife Pappe, Kreis mit einem Durchmesser von 24 cm
- Futterstoff, Kreis mit einem Durchmesser von 29 cm
- Schrägband, 4,27 m lang und 2,5 cm breit
- starken Stoffkleber
- einen großen Teller und eine Tasse als Schablonen
- 2 Knöpfe
- eine gebogene Schere

1 Zunächst eine Einlage zwischen Außen- und Futterstoff legen und festbügeln. Achten Sie darauf, dass die Stoffe dabei glatt daliegen. Mit der anderen Seite des Korbes wiederholen.

2 Den Teller als Schablone benutzen und über die oberen Ecken einen Bogen zeichnen und ausschneiden. An der anderen Seite des Korbes wiederholen.

3 Für den Henkel auf einem Stück Papier zweimal um die Tasse herumzeichnen und die beiden Kreise verbinden, sodass eine ovale Schablone entsteht. Diese in der oberen Mitte auf den Korb legen, nachzeichnen und ausschneiden. Auf der anderen Seite des Korbes wiederholen.

4 Das Schrägband der Länge nach falten und bügeln. Ein wenig Klebstoff auf einer Seite der Henkelöffnung auftragen und das Schrägband ankleben. Trocknen lassen, dann auf der anderen Seite ankleben. Verfahren Sie auf diese Weise mit beiden Henkeln.

5 Kleben Sie auf dieselbe Weise auf beiden Seiten des Korbes Schrägband am oberen Rand und von dort etwa 10 cm an den Seiten fest.

6 Mit der Nähmaschine und einem langen Stich den Korb an den Seiten zusammennähen. Hier ist ein Obertransportfuß sehr hilfreich. Den Boden des Korbes feststecken. Dies wird leichter, wenn Sie etwas Füllmaterial oder Ähnliches in den Korb stopfen, damit er seine Form behält.

7 Mit der Nähmaschine den Boden ringsherum annähen. Der Korb ist jetzt recht groß, deshalb sollten Sie sich Zeit dabei lassen, wenn Sie ihn unter der Nadel herummanövrieren.

8 Entlang der Seitennähte Schrägband aufkleben, und wenn es getrocknet ist, auch um den Boden herum. Den Futterstoffkreis auf den runden Pappboden kleben, überschüssigen Stoff umklappen und an der Unterseite festkleben. Den Boden unten in den Korb schieben.

9 Um die Öffnung zu verstärken, habe ich ein paar Knöpfe oben an den Seitennähten angenäht.

Wäschesack

Ein lustiger Wäschesack wie dieser animiert vielleicht sogar die Kinder, ihre schmutzigen Kleider nicht auf den Boden zu werfen. Sie können einen in Weiß und einen in Blau anfertigen – für weiße und farbige Wäsche. Auf meinen Beutel habe ich per Freihandstickerei eine Wäscheleine appliziert, aber man kann für die Kleider auch Plattstich und für die Leine einen Geradstich verwenden.

Sie brauchen:

- Baumwollstoff, 102 × 76 cm
- Kordel für den Tunnelzug, 1,17 m
- farbige Stoffreste für die Applikation
- Sprühkleber für Stoff
- eine große Sicherheitsnadel

1 Kleine Kleidungsstücke aus den Stoffresten ausschneiden. Sie sollten ungefähr 7,5 cm hoch sein.

2 Rückseite mit Kleber einsprühen und wie gewünscht auf den Stoff legen.

3 Den Stoff auf jeder Seite ca. 20,5 cm vom oberen Rand entfernt markieren. Die Transporteure der Nähmaschine senken und den Freihandstickfuß verwenden, um eine Wäscheleine über den Kleidungsstücken zu sticken, die an Ihren Markierungen beginnt und endet. Nähen Sie mehrmals über die Stiche, damit sie ein wenig hervorstehen. Nähen Sie um jedes Kleidungsstück herum, und nähen Sie Wäscheklammern.

4 Im Zickzackstich um die unversäuberten Kanten des Hauptstoffs herumnähen, damit er nicht ausfranst. Etwa 13 cm von der oberen Kante entfernt die Seiten rechts auf rechts mit einer Nahtzugabe von 4 cm zusammennähen.

5 Den Schlauch so hinlegen, dass die Naht in der Mitte ist, und dann in einer geraden Linie am unteren Rand entlangnähen.

6 Die obere Kante des Stoffs zweimal umklappen, um einen 2,5 cm breiten Saum herzustellen. Den Saum absteppen.

7 Auf rechts wenden und bügeln. Die Sicherheitsnadel am Ende der Kordel befestigen und durch den Tunnelzug ziehen. Die beiden Enden zusammenbinden.

Nadelbuch

Ein hübsches Geschenk für jemanden, der näht: Sie können es mit Nähnadeln, Stecknadeln, Scheren und anderem Krimskrams füllen, den man zum Nähen braucht.

Sie brauchen:

- Außenstoff,
  21,5 × 43 cm
- Kontraststoff 1 für das
  Innere, 15 × 21,5 cm
  (2-mal zuschneiden)
- Kontraststoff 1 für die
  Scherentasche,
  10 × 7,5 cm
- Kontraststoff 2,
  15 × 21,5 cm
- Kontraststoff 2 für das
  Täschchen,
  10 × 21,5 cm
- Band, 20,5 cm lang und
  0,5 cm breit
- Filz, 9 × 9 cm (2-mal
  zuschneiden)
- Volumenvlies (3 mm
  stark), 20,5 × 42 cm
- eine Handvoll Knöpfe
- einen selbstlöschenden
  Stift
- Klettband, 1,2 cm
- Sprühkleber für Stoff

1 Volumenvlies mit Kleber besprühen und mittig auf die Rückseite des langen Stoffstückes legen; auf diese Weise sollten ringsum 6 mm ausgespart sein. Auf das rechte Stoffdrittel mit selbstlöschendem Stift ein Herz zeichnen. Die Knöpfe von Hand auf die Herzform nähen.

2 Die Kontraststoffe für das Innere mit einer Nahtzugabe von 6 mm an den langen Seiten aneinandernähen, sodass sich Stoff 2 zwischen den beiden Teilen aus Stoff 1 befindet.

3 Das kleine Rechteck von Kontraststoff 1 nehmen, eine der kürzeren Kanten um 3 mm umfalten und absteppen. Von den beiden oberen Ecken jeweils eine Linie zur Unterkante ziehen, die 2,5 cm von den unteren Ecken entfernt endet. Den Stoff entlang dieser Linien nach innen bügeln.

4 Die untere Kante um 6 mm umklappen und bügeln. Legen Sie sie seitwärts auf den Mittelteil des Buches und nähen Sie sie fest; oben offen lassen.

5 Die beiden Filzquadrate so unter die Scherentasche legen, dass sie wie Buchseiten aussehen; an einer Seite festnähen. Als Verzierung können Sie mit Steppstich um die Kante herumnähen, wenn Sie wollen. Filz lässt sich auch gut mit der Zickzackschere bearbeiten, um dekorative Effekte zu erzielen. Die Mitte eines kleinen Stücks Band in die Mitte der Scherentaschenöffnung nähen; es verhindert, dass die Schere herausfällt.

6 Die lange Kante des kleineren Stücks von Kontraststoff 2 umschlagen und säumen. Über das eine Ende des Buches legen und anschließend nah an der Kante anheften.

7 Das ganze Teilstück rechts auf rechts auf den langen Stoffstreifen legen und ringsherum zusammennähen; dabei 5 cm zum Wenden offen lassen. Auf rechts wenden und die Öffnung mit dem Leiterstich (s. S. 13) zunähen.

8 Den Klettverschluss annähen, damit das Buch geschlossen werden kann.

Geschenkpapierbeutel

Dieser Beutel ähnelt den Ringkörbchen, ist aber größer und länger und hat Taschen zum Aufbewahren von Geschenkanhängern und Band.

Sie brauchen:

- Stickrahmen mit einem Durchmesser von 20,5 cm
- Außenstoff, 46 × 66 cm
- Futterstoff, 46 × 66 cm
- Stoff für die Taschen, 66 × 25,5 cm
- Kontraststoff für die Taschen, 66 × 15 cm
- Schrägband, 1,35 m
- Band zum Verzieren, 66 cm
- Band zum Aufhängen, 30,5 cm
- Sprühkleber für Stoff

1 Eine der langen Seiten jedes Außentaschenteils mit Schrägband versäubern. Die beiden Taschen auf den Außenstoff der Tasche legen, feststecken und annähen.

2 Mit der Nähmaschine im Abstand von 10 cm vertikale Linien daraufnähen, um die Taschen zu unterteilen; die Nähte oben an jeder Tasche verriegeln. Die Größe der Taschen kann variieren, je nachdem, was Sie darin aufbewahren wollen.

3 Die Oberkante des Stoffs rechts auf rechts auf die Oberkante des Futters nähen.

4 Die langen Kanten aufeinanderlegen und zusammennähen, sodass ein Schlauch entsteht. Den Schlauch flach auf den Tisch legen, sodass die Naht in der Mitte ist, und den Boden der Tasche zunähen.

5 Den Boden zu einem Quadrat aufklappen und feststecken.

6 Von beiden Enden des unteren Saums 4 cm abmessen und abnähen; den überschüssigen Stoff abschneiden.

7 Mit dem Futter ebenso verfahren, aber in der Mitte eine Öffnung zum Wenden lassen. Auf rechts wenden und die Öffnung mit dem Leiterstich (s. S. 13) schließen. Das Futter in die Tasche schieben und bügeln.

8 Die Oberkante der Tasche durch den kleineren Teil des Stickrahmens schieben und umklappen. Den größeren Reif darüberstülpen, hinten festschrauben und festziehen. Zur Verzierung ein Stück Band um den Ring kleben. Das Band zum Aufhängen kann durch das Loch der Schraube hinten an der Tasche gefädelt und festgebunden werden.

Tipp

Am besten, Sie bewahren Schere und Klebeband in den Außentaschen auf – so sind sie gleich griffbereit, wenn man ein Geschenk einpacken möchte!

Nähmaschinentasche

Nähmaschinentaschen sind normalerweise schwarz oder dunkelblau und ein bisschen langweilig. Nähen Sie sich doch selbst eine Tasche aus einem Stoff, der Ihnen gefällt! Ich habe einen ziemlich schweren Baumwollstoff in zwei Mustern verwendet sowie Segeltuch, das so dick ist, dass ich es gerade noch nähen konnte. Die Tasche passt – mit ein bisschen Spielraum – für eine Nähmaschine in Standardgröße, aber Sie können die Maße auch für eine größere Maschine anpassen. Für den Boden habe ich eine Schaumplatte verwendet, die zwar stabil ist, sich aber schneiden lässt. Sie ist im Bastelgeschäft erhältlich.

Sie brauchen:

- schweren Baumwollstoff für Vorder- und Rückseite, 43 × 35,5 cm (2-mal zuschneiden)
- Segeltuch, 43 × 35,5 cm (2-mal zuschneiden)
- doppelseitig haftendes Bügelvlies, 43 × 35,5 cm (2-mal zuschneiden)
- Stoff für den Reißverschlussbereich, 117 × 20,5 cm
- Futterstoff für den Reißverschlussbereich, 117 × 20,5 cm
- Stoff für den harten Innenboden, 51 × 25,5 cm
- Schaumplatte für den harten Innenboden, 40,5 × 18 cm
- Sprühkleber für Stoff
- Endlosreißverschluss, 1,17 m
- 2 Schieber, die sich in der Mitte treffen
- 4 Taschenfüße
- Gurtband aus Leinengewebe für die Henkel, 2,29 m
- eine Untertasse als Schablone
- Stoff für den Boden, 43 × 20,5 cm
- Segeltuch für den Boden, 43 × 20,5 cm
- doppelseitig haftendes Bügelvlies für den Boden, 43 × 20,5 cm
- Stoff für die Außentasche, 23 × 23 cm
- Spitze zum Verzieren, 23 cm

1 Für Vorder- und Rückseite die beiden Stoffrechtecke zu 43 × 35,5 cm und die beiden entsprechenden Segeltuchstücke nehmen. Mit dem heißen Bügeleisen auf beide Segeltuchteile Bügelvlies aufbügeln, die Rückseite abziehen und das Ganze auf die Rückseite des Stoffs aufbügeln.

2 Mithilfe der Untertasse die beiden oberen Ecken jedes Rechtecks abrunden.

3 Die beiden Stoffquadrate für die Außentasche rechts auf rechts oben und unten zusammennähen, sodass ein Schlauch entsteht. Wenden und bügeln. Ich habe oben einen Streifen Spitze angenäht, aber Sie können auch Band verwenden.

4 Die beiden Bodenteile – das aus Stoff und das aus Segeltuch – mithilfe des Bügelvlies links auf links zusammenfügen.

5 Für den harten Innenboden den Stoff um die Schaumplatte schlagen und dann festkleben.

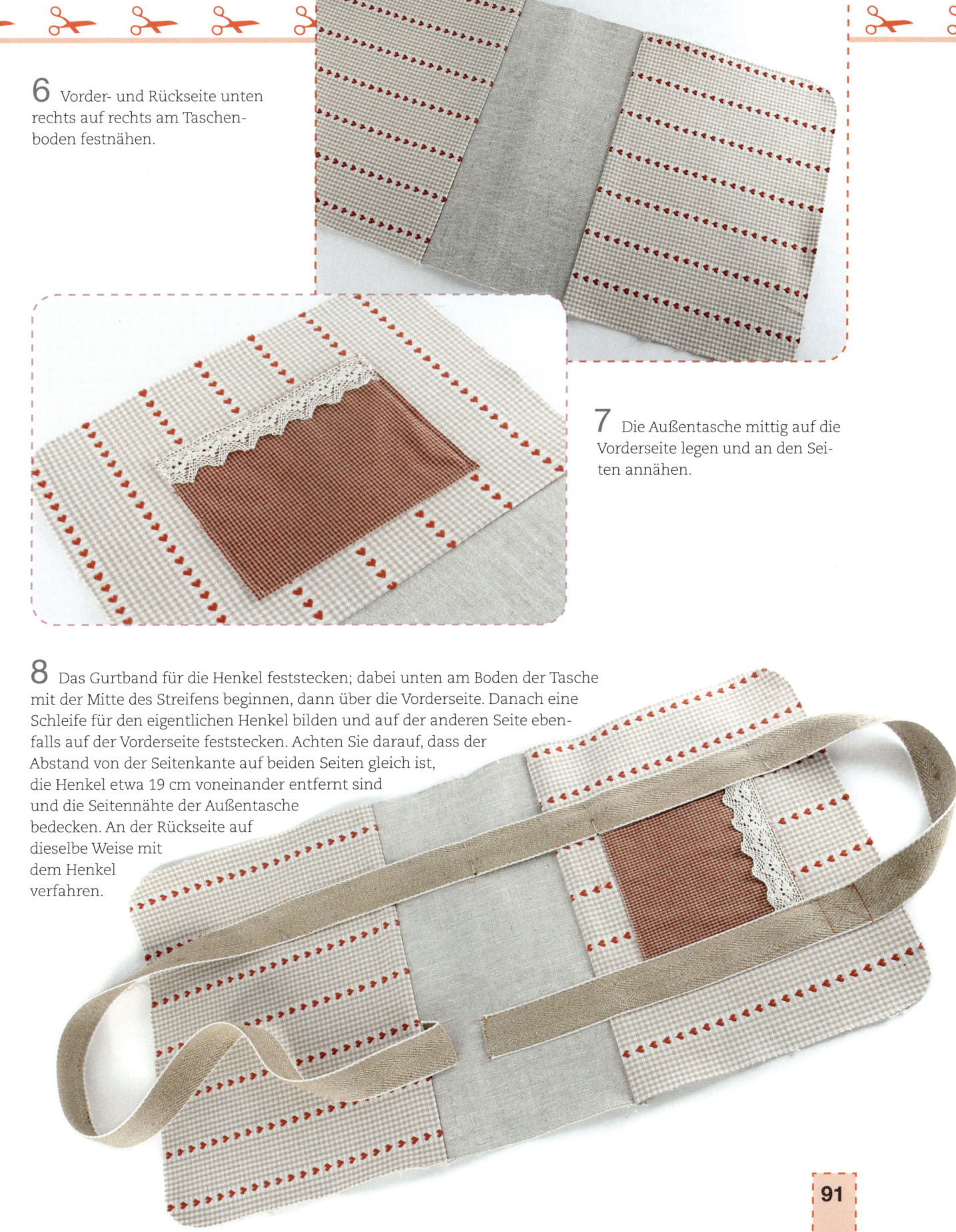

6 Vorder- und Rückseite unten rechts auf rechts am Taschenboden festnähen.

7 Die Außentasche mittig auf die Vorderseite legen und an den Seiten annähen.

8 Das Gurtband für die Henkel feststecken; dabei unten am Boden der Tasche mit der Mitte des Streifens beginnen, dann über die Vorderseite. Danach eine Schleife für den eigentlichen Henkel bilden und auf der anderen Seite ebenfalls auf der Vorderseite feststecken. Achten Sie darauf, dass der Abstand von der Seitenkante auf beiden Seiten gleich ist, die Henkel etwa 19 cm voneinander entfernt sind und die Seitennähte der Außentasche bedecken. An der Rückseite auf dieselbe Weise mit dem Henkel verfahren.

9 Die Henkel festnähen. Stellen Sie sicher, dass Sie weder auf der Vorder- noch auf der Rückseite zu nahe an die Oberkante der Tasche nähen, um noch Platz für den Reißverschlussbereich zu haben. Um die Henkel zu verstärken, oben auf jeder Seite ein Quadrat mit einem Kreuz auf beide Henkel nähen.

10 Die Henkel dort, wo man sie hält, zuerst in der Mitte falten und dann zusammennähen.

11 Die beiden langen Stoff- und Futterstoffstreifen der Länge nach durchschneiden, um vier lange Streifen zu erhalten.

12 Die eine Kante des Reißverschlusses mit der Vorderseite nach unten an einen der langen Außenstoffstreifen nähen. Den Futterstoff darauflegen und nochmals nähen. Aufklappen und bügeln, dann die andere Seite des Reißverschlusses auf dieselbe Weise an die übrigen beiden Streifen nähen. Aufklappen und erneut bügeln.

13 Um den ganzen Streifen herumnähen, damit er die Form wahrt. Anschließend am Reißverschluss entlangsteppen.

14 Die Tasche mit der Vorderseite nach oben auf den Tisch legen, den Reißverschlussstreifen mit der Vorderseite nach unten über den Taschenboden legen und eine Seite des Reißverschlusses an einem Bodenende festnähen.

15 Die Seite des Reißverschlussstreifens ringsum an einer Seite der Tasche feststecken und festnähen; dabei das andere Ende zunächst noch offen lassen. Wenn Ihr Stoff zu dick ist, um ihn festzustecken, können Sie Stoffklammern verwenden.

16 Die andere Seite des Reißverschlussbereichs an der zweiten Seite der Tasche feststecken und festnähen. Dabei den Reißverschluss so weit öffnen, dass Sie die Tasche noch wenden können. Schließlich den Boden der Tasche auf der anderen Seite des Reißverschlussstreifens annähen. Wahrscheinlich müssen Sie den Reißverschluss um etwa 2,5 cm abschneiden.

17 Die Tasche wenden.

18 An jeder Ecke einen Taschenfuß durch den Boden der Tasche schieben und befestigen (s. S. 11 *Taschenfüße*). Die Füße verbinden sämtliche Lagen des Taschenbodens. Wenn Sie sie nicht sehen wollen, können Sie sie mit einem weiteren Stück Stoff bedecken.

Tipp

Wenn Sie nicht möchten, dass sich der Reißverschluss rundum öffnen lässt, können Sie dort, wo er aufhören soll, einen Klecks Klebstoff anbringen.

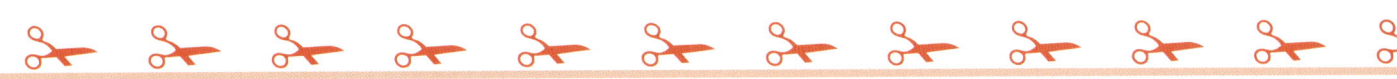

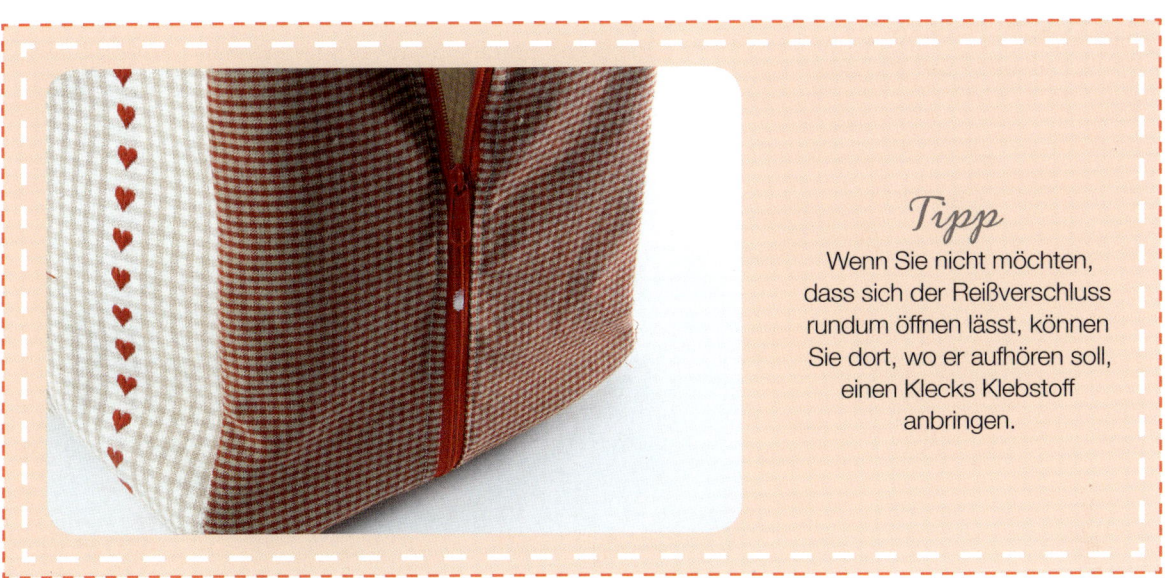

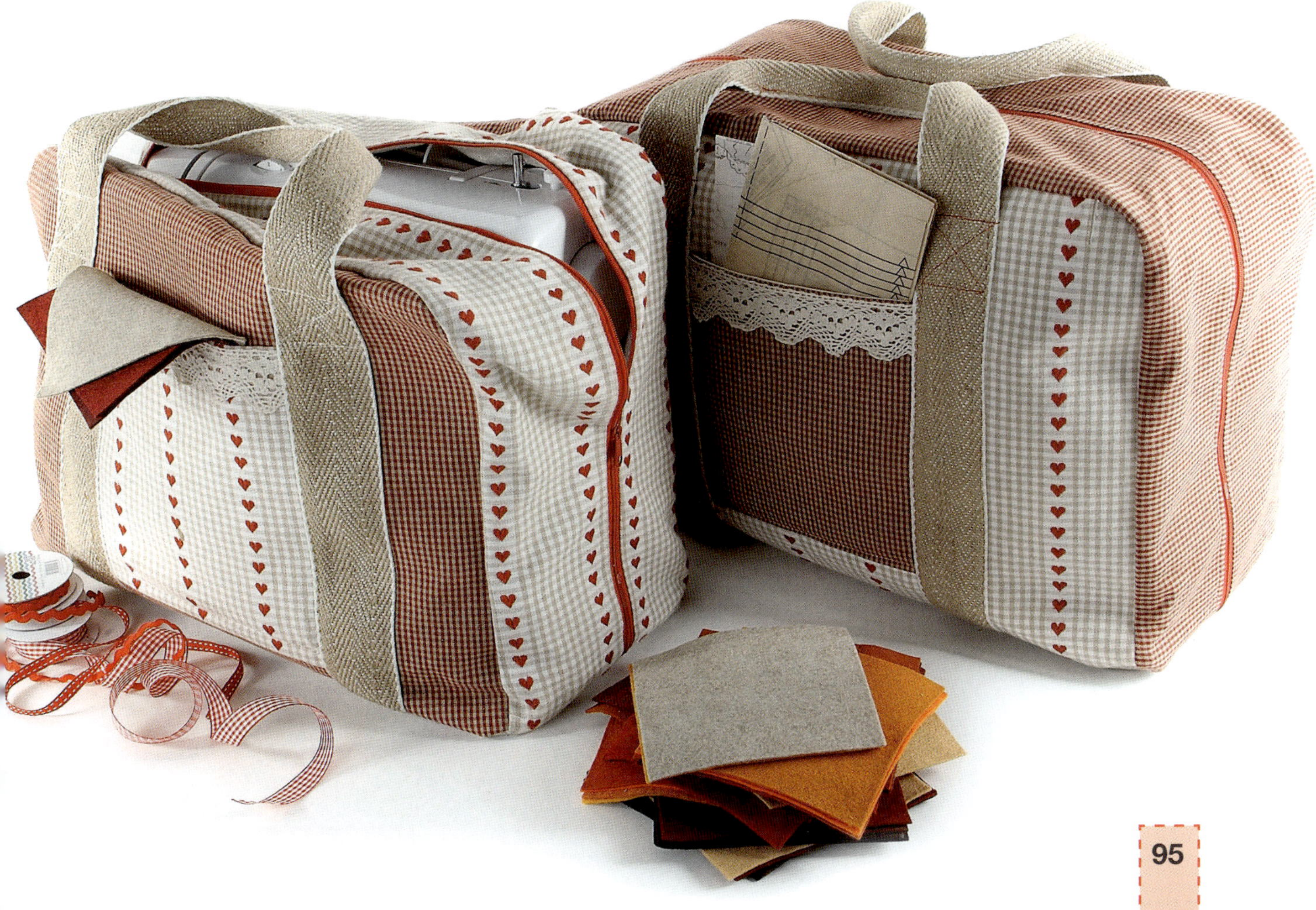

Index